우리,
김치 한번 담가볼까요?

어려운
김치는
뭐가라

〈어려운 김치는 가라〉
200% 활용법

배우고 싶었던 **기본 김치**, 알고 싶었던 **맛집 김치**,
조금 특별한 **이색 김치**,
그리고 **아이를 위한 깍두기**까지 소개합니다.

김치의 가장 큰 고민은 '간'이지요.
김치가 짜다면? 김치가 싱겁다면?
해결 비법을 레시피마다 실었습니다.

어려운 재료로 구성된 다른 김치 책과 달리
마트, 시장에서 구할 수 있는 재료만 활용,
오늘 결심하면 내일 바로 만들 수 있습니다.

양념 묻은 손으로 페이지를 넘기는 번거로움을
없애기 위해 **각 김치마다 재료 고르기부터 레시피까지,**
한 번에 볼 수 있도록 담았습니다.

Contents

006 계량 도구 가이드
007 손대중 가이드
008 김치, 기본 재료 알아보기
　　소금 / 액젓 & 새우젓 / 고춧가루 / 풀
122 Index

Chapter 1

꼭 알아두자 · 기본김치

016 배추김치 ●
024 김장김치 ●
032 오이소박이 ●
036 깍두기 & 총각김치 ●
040 열무김치 ●
044 동치미 ●

Recipe plus

048 배추김치, 예쁘게 담아볼까요?
080 김치 만든 날 함께 즐겨요!
　　누룽지닭곰탕 / 수육
120 우리 아이 첫 김치, 깍두기예요! ●

016

- 바로 먹을 수 있거나 숙성 1시간 이내의 김치
- 숙성 1~2일 정도 걸리는 김치
- 숙성 3일 이상 걸리는 김치

Chapter 2

꼭 알고 싶었다, **맛집김치**

- 052 백김치
- 056 섞박지
- 060 알배기배추겉절이
- 064 보쌈 무김치
- 068 나박김치
- 072 파김치
- 076 부추김치

Chapter 3

특별하게 즐기자, **이색김치**

- 084 파프리카백김치
- 088 미나리김치
- 092 양배추김치
- 096 양파김치
- 100 토마토겉절이
- 104 깻잎김치
- 108 시금치겉절이
- 112 청경채김치
- 116 아삭이고추김치

064

084

계량 도구 가이드

맛있는 김치를 위해서는 정확한 계량이 필수이지요.
계량스푼, 계량컵, 전자저울을 준비하세요.

 계량 스푼 1큰술 = 15㎖   1작은술 = 5㎖

1큰술(액체류) 　　1/2큰술 　　1큰술(가루류 & 장류) 　　1/2큰술
가득 담기 　　가운데 선까지 담기 　　가득 담아 윗면 깎기

 계량컵 1컵 = 200㎖

1컵(액체류) 　　1컵(가루류) 　　1컵(장류) 　　1컵(알갱이류)
가득 담기 　　가득 담아 윗면 깎기 　　꾹꾹 담아 윗면 깎기 　　가득 담아 윗면 깎기

 전자 저울 **숫자가 정확히 나오는 가정용 전자저울 추천**

손대중 가이드

채소의 무게를 손대중, 눈대중으로 알아두면 더 편리해요.
잎채소는 한 줌 기준으로 소개합니다.

- 배추 1통(2.5~3kg)
- 무 1개(1.5~2kg) 
- 양파 1개(200g) 
- 오이 1개(200g) 
- 파프리카 1개(200g) 
- 당근 1개(200g) 
- 배 1개(500g) 
- 시금치 1줌(50g) 
- 쪽파 1줌(50g) 
- 부추 1줌(50g) 
- 미나리 1줌(70g) 
- 고춧가루 1컵(90g)

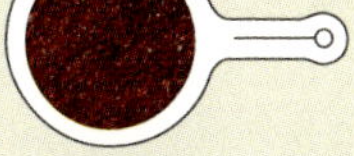

기본
가이드

김치, 기본 재료 알아보기

김치의 가장 기본이 되는 재료는 바로 소금, 액젓, 고춧가루 그리고 풀이지요.
이 네 가지 재료는 대부분의 김치에 두루두루 사용되니 먼저 읽어보는 것을
추천해요. 가까운 마트에서도 모두 구입할 수 있는 재료이지만
인터넷, 또는 현지 방문을 통해 넉넉히 구입해도 좋아요.

▶ 본 기본 재료 외의 주재료는 각 김치 레시피에서 만날 수 있습니다.

소금

천일염(굵은소금)
바닷물을 자연 그대로 증발시켜 만든 가공되지 않은 소금이 김치를 절일 때 사용하는 천일염이지요. 엄마들이 말하는 '굵은소금'이 바로 이 천일염을 가리킨다고 봐도 무방해요. 김치를 절일 때 이용하면 배추가 덜 물러지고 맛도 더 좋답니다.

꽃소금
천일염을 가공해서 만든, 요리에 주로 쓰이는 소금이에요. 굵은소금에 비해 입자가 작아 배추에 더 빨리 침투되므로 김치에 간을 더할 때 주로 사용해요. 가볍게 만드는 겉절이나 김치에 넣기 좋지요.

Tip 알아두세요

간수란?
소금을 만들 때 나오는 액체로 마그네슘이 주성분이지요. 간수가 충분히 빠지지 않은 소금은 쓴맛이 난답니다. 그렇다면 간수가 제대로 빠졌는지 어떻게 아느냐! 손으로 소금을 한 움큼 쥐었다 놓을 때 손에 들러붙지 않는다면 간수가 잘 빠진 소금이에요. 마트에서 판매하는 포장된 소금은 이미 간수가 빠진 것으로 바로 사용할 수 있어요.

좋은 천일염은?
3년 이상 충분히 간수를 뺀 것, 굵기가 일정하며 밝은 빛깔을 띠는 것이에요. 국내에서는 전남 신안, 해남, 완도, 전북 고창, 부안 곰소 등에서 질 좋은 천일염을 생산하고 있으며, 요즘은 인터넷을 통해 염전에서 직접 구매도 가능해요.

중국산과의 구별법!
육안으로 중국산과 구별하기는 사실 쉽지 않지요. 맛을 보았을 때 중국산 소금이 국내산에 비해 염도가 높고 쓴맛이 강하며, 손으로 바스러뜨렸을 때 중국산은 단단한 반면, 국내산은 잘 바스러진답니다.

액젓 & 새우젓

멸치액젓
김치에서 가장 보편적으로 쓰이는 멸치액젓은 구수한 감칠맛을 내요.

까나리액젓
깔끔하고 개운한 까나리액젓은 다른 액젓에 비해 비린 맛이 적어요. 덕분에 바로 먹는 겉절이에 주로 사용한답니다.

새우젓
새우젓만 사용할 경우 깊은 맛은 조금 약해요. 그래서 멸치, 까나리액젓과 함께 사용하지요. 새우젓은 담근 시기에 따라 5월에 담근 오젓, 6월에 담근 육젓, 가을에 담근 추젓 등으로 분류돼요. 산란을 앞둔 철에 잡혀 살이 통통하고 육질이 연하며 뽀얀 빛깔을 가지고 있는 육젓을 최고로 쳐요.
하지만 가격이 비싸기 때문에 오젓을 사용해도 좋아요.
반면 추젓은 육젓이나 오젓에 비해 가격이 저렴한 장점이 있지요.

알아두세요 Tip

좋은 새우젓은?
새우젓이 꽝꽝 얼어있다면 품질을 의심해볼 필요가 있어요. 좋은 새우젓은 냉동을 해도 잘 얼지 않거든요. 젓갈만 전문으로 취급하는 곳에서 살이 통통하고 모양이 잘 살아있는 것, 전체적으로 밝은 분홍빛을 띠며 국물이 맑은 것을 고르세요.

어디서 구입하나요?
새우젓만큼은 마트보다는 젓갈시장 혹은 젓갈 전문점에서 구입하기를 추천해요. 마트에서 파는 새우젓은 건더기에 비해 국물이 많고 새우가 통통하지 않거나 잡어의 비율이 높은 경우가 종종 있거든요. 우리나라의 대표적인 젓갈시장은 충남 강경, 광천, 전북 곰소, 인천 소래포구 등이 있습니다.

고춧가루

고춧가루는 입자에 따라 굵은 것, 중간 것, 고운 것으로 나뉘어요. 김치에는 주로 굵은 고춧가루를 사용하는데요, 색 내기용으로 고운 고춧가루와 섞어 쓰기도 해요. 묵은 고춧가루보다 그해 수확해서 빻은 햇고춧가루를 사용해야 김치의 맛도 좋고 색도 고와요. 햇고춧가루는 보통 8월 중순이 지나면 나오기 시작한답니다.

Tip 알아두세요

태양초 고춧가루란?
햇볕에 자연적으로 말린 고추가 '태양초'이고, 그 태양초를 가루로 만든 것을 태양초 고춧가루라고 부른답니다. 너무 검붉거나 빨갛지 않고 빛깔이 고우며 냄새가 부드러운 것이 특징이에요.

태양초 고춧가루 구입처는?
'태양초 고추'에 대한 규정이 명확하지 않으므로 믿을 수 있는 곳에서 구매하는 것이 중요해요. 인터넷에 '태양초'를 검색, 농가를 통해 산지에서 구입하는 것도 방법이지요.

중국산과의 구별법!
국산 고춧가루는 검붉은 색을 띠는데 반해, 중국산은 형광빛이 많이 돌고 단맛이 강해요. 중국산을 잘못 구입할 경우 배추에 물이 들지 않을 수 있으니 주의하세요.

풀

김치에 넣는 풀은 찹쌀이나 밀가루 등을
물과 함께 끓여 만든 것으로, 김치에
고춧가루가 겉돌지 않도록 하고 양념에
윤기를 내요. 뿐만 아니라 감칠맛을 더하고,
빨리 숙성 시키는 역할도 하지요.

찹쌀풀
찹쌀가루 또는 찹쌀을 끓여서 만드는 것으로
김치가 익을수록 구수한 맛과 단맛이
나도록 해요. 찹쌀가루는 마트에서 파는
시판 찹쌀가루, 방앗간에서 빻은 찹쌀가루 중
어느 것을 사용해도 무방해요.

밀가루풀
부추, 열무, 얼갈이배추 등 풋내가 나기
쉬운 김치에 쓰면 풋내를 줄여주며
가볍고 시원한 맛을 더해줘요. 밀가루의 종류에
상관없이 밀가루풀을 만들 수 있어요.

밥
밥을 갈아서 더하면 쉽고 빠르게
풀을 대신할 수 있어요.

Chapter
1

꼭 알아두자, 기본 김치

식탁에 자주 오르는,
냉장고에 늘 있는 기본 김치를 소개합니다.
하나씩 만들다 보면
김치에 대한 자신감이 생길 거예요.

Chapter 1 꼭 알아두자, 기본 김치

배추김치

배추김치 이야기

1
마트에서 포장된 채로 판매하는 시판 배추김치처럼 아삭한 식감과 시원하면서 달큼한 맛의 배추김치입니다.

2
배, 양파, 홍고추를 양념에 넣고, 미나리를 더해 시원한 단맛을 배로 살렸지요.

3
찹쌀풀 역시 단맛을 살려주며 양념에 윤기를 주고 동시에 숙성을 도와준답니다.

 ### 배추 이야기

*무 이야기 37쪽

고르기

- 제철은 가을~겨울
- '고랭지 배추'는 높고 한랭한 지역에서 자란 배추를 일컫는 말이에요. 낮과 밤의 온도 차이가 심한 지역적 특성상 급격하게 변하는 온도차에 견디기 위해 스스로 영양분을 저장해두는데, 덕분에 영양이 풍부하며 조직이 단단하지요.
- 초록색의 겉잎이 파릇하며 힘이 있는 것, 흰색 줄기 부분이 두꺼운 것, 벌레가 먹지 않은 것, 들었을 때 묵직한 것이 싱싱해요.
- 쪼개서 판매하는 경우 속까지 배추 잎이 아무지게 차 있고 짓무르지 않은 것, 속이 노란색을 띠는 것이 좋지요.

보관하기

밑동 쪽의 지저분한 부분을 제거한 후 감싸고 있는 초록색 겉잎 2~3장을 떼어내요. 그대로 키친타월로 감싸 서늘한 곳(3일). 또는 밑동에 칼집을 내 2~4등분으로 쪼갠 후 키친타월로 감싸 밑동이 아래로 가도록 냉장(10일).

김치가 짜요!
버무리기 전, **양념을 맛보았을 때 짠맛이 강하다면** 채 썬 무 100g을 넣고 바로 맛을 보세요.
숙성 시킨 후 짠맛이 강하다면 간 무나 간 배 50g을 더한 후 1~2일간 냉장 숙성 시킨 후 먹어요.

김치가 싱거워요!
숙성 시킨 후 맛보았을 때 싱겁다면 1) 배추를 절일 때 소금의 양이 부족했거나 2) 배추가 덜 절여졌거나 3) 양념에 들어가는 배, 양파에서 수분이 많이 나온 경우입니다. 김치 국물만 따라내어 멸치액젓이나 소금(기호에 따라 가감)을 더한 후 김치에 다시 붓고 1일간 냉장 숙성 시킨 후 먹어요.

배추김치

🕐 1시간~1시간 20분
(+ 배추 절이기 최대 10시간, 숙성 시키기 최대 2일)

🥕 20회분

❄ 냉장 2~3개월

1
배추는 밑동의 튀어나온 부분을 제거한 후 겉을 감싸는 누렇거나 상한 잎을 떼어낸다.

▶ 밑동을 썰면 지저분하거나 상한 잎이 저절로 떨어져 자연스럽게 손질이 돼요.

2
배추의 밑동이 위를 향하도록 세운 후 1/3지점까지 칼집을 낸 다음 양손으로 반을 쪼갠다.

3
다시 밑동의 1/3지점까지 칼집을 넣고 양손으로 반을 쪼개 총 4쪽으로 만든다.

▶ 배추에 칼이 많이 닿으면 맛이 떨어지므로 칼 사용은 최소로 하는 것이 좋지요.

- 배추 1포기(2.5~3kg, 또는 절임 배추 1포기 1.5~2kg)
- 무 지름 10cm, 두께 5cm 1/2개(250g)
- 쪽파 1줌(50g)
- 미나리 1/2줌(35g)
- 굵은소금 1컵(150g)
- 고춧가루 1컵(90g)

절임물
- 굵은소금 1컵(150g)
- 물 10컵(2ℓ)

찹쌀풀
- 찹쌀가루 1큰술
- 물 1/2컵(100㎖)

양념
- 배 1/6개(약 80g)
- 양파 1/2개(100g)
- 홍고추 2개(30g)
- 설탕 2큰술
- 다진 마늘 4큰술
- 다진 생강 1큰술
- 멸치액젓 1큰술
- 새우젓 4큰술

④ 큰 볼에 절임물 재료를 넣고 소금이 녹을 때까지 충분히 저어준다. 배추를 앞뒤로 담가 충분히 적신다.

⑤ 다른 볼에 배추 1쪽을 담고 줄기 부분에 굵은소금 1/4분량을 뿌린다. 나머지 3쪽도 같은 방법으로 진행한다. 배추의 썬 단면이 위를 향하도록 눕힌다.

▶ 썬 단면이 위를 향하도록 담아야 소금이 흘러내리지 않아요.

Tip 포기 늘리는 방법이 궁금해요!
- 배추 10포기 이하(= 25kg 이하)로 늘릴 경우 : 배수 그대로 양념을 늘리면 됩니다.
- 배추 10포기 이상(= 25~30kg 이상)을 늘릴 경우 : 양념을 배추 기준 90%만 준비해요. 다만, 양념은 버무리는 양에 따라 남을 수가 있는데요, 남으면 김치를 더 담그거나 겉절이, 무생채 양념으로 활용하세요.

배추김치

무거운 것을 올려 배추를 눌러야 잘 절여진답니다.

⑥

④의 절임물을 배추에 살살 붓는다.

▶ 물을 세게 부으면 배추 속의 소금이 씻겨지므로 살살 부어요.

⑦

또 다른 볼에 물을 가득 담은 후 ⑥의 배추에 올려 절임물에 잠기도록 눌러준다.
실온에서 여름에는 6~8시간, 봄, 가을, 겨울에는 8~10시간 동안 줄기 부분이 휘어질 때까지 중간중간 위아래로 뒤집어가며 절인다.

Tip 절인 배추가 짜다면?

절인 직후 먹었을 때 간간한 편이에요. 단, 먹기 힘들 정도로 짠맛이 강하다면 오래 절여진 것이랍니다. 그때는 절인 배추를 잠길 만큼의 찬물에 담가 30분 정도 두세요. 중간중간 물을 갈아주면 더 좋고요. 맛을 보면서 시간을 조절하세요.

배추의 물기를
완전히 빼지 않으면
물이 많이 생겨
싱거워져요.

⑧

또 다른 큰 볼에 배추가
잠길 만큼의 물을 담고
절인 배추를 넣어 앞뒤로
2~3회 헹군다. 이 과정을
2~3회 더 반복한다.
썬 단면이 아래를 향하도록
체에 받쳐 30분 이상 둔 후
물기를 완전히 꼭 짠다.

⑨

냄비에 찹쌀풀 재료를 넣고
중간 불에서 1분간 저어가며
걸쭉한 상태가 되도록 끓인 후
완전히 식힌다.

⑩

믹서에 찹쌀풀, 양념 재료를 넣고
곱게 간 후 볼에 고춧가루와 함께
넣고 섞어 10분간 숙성 시킨다.

▶ 고춧가루를 함께 갈 경우
고춧가루가 수분을 흡수하고,
다른 재료가 쉽게 갈리지
않으므로 따로 섞는 것이 좋아요.

 절인 배추가 남았다면?

절인 배추는 보관이 어려워요. 양념을 더 만들어 김치로 만드는 것이 가장 좋지요.
또는 물에 10분간 담가 짠맛을 조금 뺀 후 쌈 채소로 활용해요. 고기, 밥 등 모두 잘 어울린답니다.

배추김치

바깥쪽 겉잎에 소를 넣으면 배추를 감쌀때 소가 쏟아지므로 넣지 않아요.

⑪
무는 결 방향으로 0.4cm 두께로 채 썰고, 쪽파, 미나리는 4cm 길이로 썬다.

▶ 무는 결 방향으로 썰어야 부서지지 않아요.

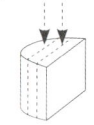

⑫
⑩의 볼에 무를 넣고 붉은색이 들 때까지 버무린 후 쪽파, 미나리를 넣고 살살 섞는다.

▶ 미나리는 살살 버무려야 풋내가 나지 않아요.

⑬
⑫의 볼에 절인 배추 1쪽을 올린다. 바깥쪽 두 번째 겉잎부터 줄기 부분에 소를 채우듯이 넣는다.

▶ 소를 너무 많이 넣으면 지저분해지고 짜게 되므로 줄기 부분에는 소를 넣고 잎 부분에는 양념만 가볍게 묻히는 것이 좋아요.

발효되면서 가스,
물이 생기므로
통의 80%까지만
담아요.

⑭
잎 부분에는 양념을 바른다.
같은 방법으로 나머지
배추도 양념을 바른다.

⑮
배추를 반으로 접은 후
바깥쪽 겉잎으로 감싸
소가 쏟아지지 않도록 한다.

⑯
배추의 썬 단면이 위를 향하도록
통의 80% 정도까지 담는다.
김치를 꾹꾹 누른 후 위생팩으로
덮고 한번 더 눌러 최대한
공기를 뺀다.
실온에서 여름에는 10~12시간,
봄, 가을, 겨울에는 1~2일간
숙성 시킨 후 냉장 보관한다.

▶ 꾹꾹 눌러주면 배추 사이의
공기가 빠지게 돼요. 김치에
공기가 닿으면 군내가 나므로
위생팩을 덮어 공기와의 접촉을
최소로 해요.

Chapter 1 꼭 알아두자, 기본 김치

김장김치

김장김치 이야기

1
16쪽 배추김치와 달리 깊은 감칠맛과 진한 양념이 포인트인 김치예요.

2
오래 두고 먹기 위해 풀을 생략한 대신 건어물과 채소로 만든 육수를 넣었지요.

3
멸치액젓으로만 간을 할 경우 염도가 높아지므로 새우젓을 함께 사용해 염도를 맞추고, 구수한 맛도 더했어요.

 ## 쪽파 이야기　　　　　　　　　　　　　　＊ 배추 이야기 17쪽

고르기
- 제철은 가을~겨울
- 잎 부분은 연하고 마르지 않은 것, 줄기 부분은 여러 갈래로 가늘게 나뉘어지지 않은 것이 좋아요.
- 줄기 아래쪽의 흰 부분이 긴 것은 중국산일 수 있으므로 주의해요.

보관하기
키친타월로 감싼 후 랩으로 다시 감싸 냉장(7일).

 ## 간 맞추기

김치가 짜요!
버무리기 전, **양념을 맛보았을 때 짠맛이 강하다면** 채 썬 무 100g을 넣고 바로 맛을 보세요.
숙성 시킨 후 짠맛이 강하다면 간 무나 간 배 50g을 더한 후 1~2일간 냉장 숙성 시킨 후 먹어요.

김치가 싱거워요!
숙성 시킨 후 맛보았을 때 싱겁다면 **1)** 배추를 절일 때 소금의 양이 부족했거나 **2)** 배추가 덜 절여졌거나 **3)** 양념에 들어가는 배, 양파에서 수분이 많이 나온 경우입니다. 김치 국물만 따라내어 멸치액젓이나 소금(기호에 따라 가감)을 더한 후 김치에 다시 붓고 1일간 냉장 숙성 시킨 후 먹어요.

김장김치

- 🕐 1시간 30분~2시간
  (+ 배추 절이기 최대 10시간, 숙성 시키기 최대 2일)
- 🥕 20회분
- ❄️ 냉장 3~4개월

① 배추는 밑동의 튀어나온 부분을 제거한 후 겉을 감싸는 누렇거나 상한 잎을 떼어낸다.
▶ 밑동을 썰면 지저분하거나 상한 잎이 저절로 떨어져 자연스럽게 손질이 돼요.

② 배추의 밑동이 위를 향하도록 세운 후 1/3지점까지 칼집을 낸 다음 양손으로 반을 쪼갠다.

③ 다시 밑동의 1/3지점까지 칼집을 넣고 양손으로 반을 쪼개 총 4쪽으로 만든다.
▶ 배추에 칼이 많이 닿으면 맛이 떨어지므로 칼 사용은 최소로 하는 것이 좋지요.

Tip 포기 늘리는 방법이 궁금해요!

- 배추 10포기 이하(= 25kg 이하)로 늘릴 경우 : 배수 그대로 양념을 늘리면 됩니다.
- 배추 10포기 이상(= 25~30kg 이상)을 늘릴 경우 :
  양념을 배추 기준 90%만 준비해요. 다만, 양념은 버무리는 양에 따라 남을 수가 있는데요, 남으면 김치를 더 담그거나 겉절이, 무생채 양념으로 활용하세요.

- 배추 1포기(2.5~3kg, 또는 절임 배추 1포기 1.5~2kg)
- 무 지름 10cm, 두께 5cm 1/2개(250g)
- 쪽파 1줌(50g)
- 굵은소금 1컵(150g)

절임물
- 굵은소금 1컵(150g)
- 물 10컵(2ℓ)

육수
- 채 썬 양파 1/4개분(50g)
- 대파 20cm 2대
- 국물용 멸치 10마리(10g)
- 북어채 1/2컵(15g)
- 다시마 5×5cm 4장
- 물 2컵(400㎖)

양념
- 다진 마늘 4큰술
- 다진 생강 1큰술
- 멸치액젓 3큰술
- 새우젓 1큰술
- 매실청 3큰술
- 고춧가루 1컵(90g)
- 육수 3/4컵(150㎖)

4
큰 볼에 절임물 재료를 넣고 소금이 녹을 때까지 충분히 저어준다. 배추를 앞뒤로 담가 충분히 적신다.

5
다른 볼에 배추 1쪽을 담고 줄기 쪽에 굵은소금 1/4분량을 뿌린다. 나머지 3쪽도 같은 방법으로 진행한다. 배추의 썬 단면이 위를 향하도록 눕힌다.

▶ 썬 단면이 위를 향하도록 담아야 소금이 흘러내리지 않아요.

6
④의 절임물을 배추에 살살 붓는다.

▶ 물을 세게 부으면 배추 속의 소금이 씻겨지므로 살살 부어요.

김장김치

> 무거운 것을 올려 배추를 눌러야 잘 절여진답니다.

⑦
또 다른 볼에 물을 가득 담은 후 ⑥의 배추에 올려 절임물에 잠기도록 눌러준다.
실온에서 여름에는 6~8시간, 봄, 가을, 겨울에는 8~10시간 동안 줄기 부분이 휘어질 때까지 중간중간 위아래로 뒤집어가며 절인다.

⑧
또 다른 큰 볼에 배추가 잠길 만큼의 물을 담고 절인 배추를 넣어 앞뒤로 2~3회 헹군다. 이 과정을 2~3회 더 반복한다.
썬 단면이 아래를 향하도록 체에 밭쳐 30분 이상 둔 후 물기를 완전히 꼭 짠다.

▶ 배추의 물기를 완전히 빼지 않으면
김치를 담근 후 물이 많이 생겨 싱거워져요.

Tip 절인 배추가 짜다면?
절인 직후 먹었을 때 간간한 편이에요. 단, 먹기 힘들 정도로 짠맛이 강하다면 오래 절여진 것이랍니다. 그때는 절인 배추를 잠길 만큼의 찬물에 담가 30분 정도 두세요. 중간중간 물을 갈아주면 더 좋고요. 맛을 보면서 시간을 조절하세요.

9
냄비에 육수 재료를 넣고 센 불에서 5분, 다시마를 건져낸 후 중간 불로 줄여 10분간 끓인다. 체에 밭쳐 국물만 걸러낸 후 완전히 식힌다.

▶ 완성된 양은 3/4컵 (150㎖)이며, 부족한 경우 물을 더해요.

10
무는 결 방향으로 0.4cm 두께로 채 썰고, 쪽파는 4cm 길이로 썬다.

▶ 무는 결 방향으로 썰어야 부서지지 않아요.

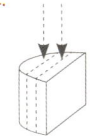

11
볼에 양념 재료를 넣고 섞어 10분간 숙성 시킨다.

▶ 양념을 숙성 시키면 고춧가루가 불어 재료와 더 잘 버무려지고, 특유의 날내가 나지 않아요.

 Tip 절인 배추가 남았다면?

절인 배추는 보관이 어려워요. 양념을 더 만들어 김치로 만드는 것이 가장 좋지요. 또는 물에 10분간 담가 짠맛을 조금 뺀 후 쌈 채소로 활용해요. 고기, 밥 등 모두 잘 어울린답니다.

김장김치

> 바깥쪽 겉잎에 소를 넣으면 배추를 감쌀때 소가 쏟아지므로 넣지 않아요.

(12) ⑪의 볼에 무를 넣고 붉은색이 들 때까지 버무린 후 쪽파를 넣고 살살 섞는다.

(13) ⑫의 볼에 절인 배추 1쪽을 올린다. 바깥쪽 두 번째 겉잎부터 줄기 부분에 소를 채우듯이 넣는다.

▶ 소를 너무 많이 넣으면 지저분해지고 짜게 되므로 줄기 부분에는 소를 넣고 잎 부분에는 양념만 가볍게 묻히는 것이 좋아요.

(14) 잎 부분에는 양념을 바른다. 같은 방법으로 나머지 배추도 양념을 바른다.

발효되면서 가스,
물이 생기므로
통의 80%까지만
담아요.

⑮

배추를 반으로 접은 후
바깥쪽 겉잎으로 감싸
소가 쏟아지지 않도록 한다.

⑯

배추의 썬 단면이 위를 향하도록
통의 80% 정도까지 담는다.
김치를 꾹꾹 누른 후 위생팩으로 덮고
한번 더 눌러 최대한 공기를 뺀다.
실온에서 여름에는 10~12시간,
봄, 가을, 겨울에는 1~2일간
숙성 시킨 후 냉장 보관한다.

▶ 꾹꾹 눌러주면 배추 사이의 공기가 빠지게
돼요. 김치에 공기가 닿으면 군내가 나므로
위생팩을 덮어 공기와의 접촉을 최소로 해요.

Chapter 1 꼭 알아두자, 기본 김치

오이소박이

오이소박이 이야기

1
백다다기오이(백오이)를 사용해야 식감이 아삭하며 잘 무르지 않아요.

2
오이 특유의 시원한 맛을 살리기 위해 고춧가루와 새우젓의 사용을 최소로 했어요. 새우젓은 다져 넣어 간이 골고루 배게 했답니다.

3
절인 오이에 뜨거운 물을 붓게 되면 오래 보관해도 오이의 아삭한 식감이 살아 있어요.

백다다기오이 이야기

* 부추 이야기 77쪽

고르기
- 제철은 여름
- 밝은 초록빛으로 껍질이 두껍지 않고 부드러운 특징이 있어요.
- 모양이 곧게 뻗었고 색이 고른 것이 싱싱해요.
- 오이의 가시 쪽이 무른 것, 상처가 난 것은 피해요.
  너무 두꺼운 오이는 씨가 많아 금방 물러질 수 있답니다.

보관하기
1개씩 키친타월로 감싸 꼭지가 위를 향하도록 냉장(7일).
썬 단면을 랩으로 감싸 냉장(3~5일).

숙성 시킨 후 맛보았을 때 **짜다면** 한입 크기로 썬 오이 1/2개(100g)를 넣고 섞어 1~2일간 냉장 숙성 시킨 후 먹어요. **싱겁다면** 소금(기호에 따라 가감)을 넣고 섞어 오이가 아닌 양념의 맛을 보며 부족한 간을 더해요.

오이소박이

- 🕒 30~40분(+ 오이 절이기 20분, 숙성 시키기 최대 1일)
- 🥕 10회분
- ❄️ 냉장 2주

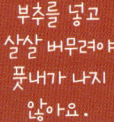
부추를 넣고 살살 버무려야 풋내가 나지 않아요.

1
오이는 소금(1큰술)으로 문질러 씻는다. 3~4등분한 후 세워서 끝에 1cm 정도만 남기고 열십(+)자로 칼집을 넣는다. 부추는 1cm 길이로 썬다.

▶ 오이를 소금으로 씻으면 오이의 색이 선명해지며 가시를 제거할 수 있어요.

2
볼에 절임물 재료를 넣고 소금이 녹을 때까지 충분히 저어준다. 오이를 넣고 부드럽게 벌어질 때까지 중간중간 위아래로 뒤집어가며 20분간 절인다.

▶ 오이를 소금물에 절이면 속까지 간이 잘 배요. 또한 소금에 절이는 것보다 더 빠르게 절일 수 있지요.

3
다른 큰 볼에 양념 재료를 넣고 섞은 후 부추를 넣고 살살 버무린다.

- 백다다기오이 5개(1kg)
- 부추 2줌(100g)
- 생수 1/4컵(50㎖)
- 소금 약간

절임물
- 굵은소금 2큰술
- 물 2컵(400㎖)

양념
- 고춧가루 5큰술
- 설탕 1과 1/2큰술
- 다진 마늘 2큰술
- 다진 새우젓 1큰술
- 소금 1작은술
  (기호에 따라 가감)
- 다진 생강 1작은술

4
②의 오이를 체에 밭친 후 뜨거운 물(2컵)을 붓는다. 찬물에 헹군 후 물기를 뺀다.

▶ 뜨거운 물을 부으면 오래 보관해도 오이의 아삭한 식감을 느낄 수 있지요.

5
오이 칼집 사이에 ③을 손가락으로 눌러가며 채운 후 통에 담는다. 이때, 양념이 남은 볼은 씻지 않는다.

▶ 소의 양이 너무 적으면 싱거울 수 있으므로 적절히 나눠 담아요.

6
양념이 남아 있는 ⑤의 볼에 생수 1/4컵(50㎖), 소금을 넣고 남은 양념과 섞은 후 통에 붓는다. 실온에서 봄에는 1일, 여름에는 12시간 숙성 시킨 후 냉장 보관한다.

▶ 오이소박이는 봄, 여름 김치이므로 봄, 여름 기준으로만 숙성 시간을 제시합니다.

 Tip 좀 더 간단하게 만들고 싶다면?

과정 ①에서 칼집 넣는 방향 그대로 오이를 썰어요. 과정 ②에서 부드럽게 휘어질 때까지 20분간 절인 후 모든 재료를 양념과 버무리세요.

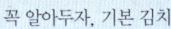

Chapter 1 꼭 알아두자, 기본 김치

깍두기

깍두기 이야기

1
수분이 많고 단단한 제철 무로 담가야 시원하고 아삭한 식감이 살아나요.

2
무를 절인 후 물에 씻으면 단맛이 빠져나가므로 절이기 전에 깨끗하게 씻고, 절인 후에는 체에 밭쳐 물기를 빼요.

3
익히는 과정에서 무의 물이 많이 생기므로 담근 직후 먹었을 때 짭조름해야 숙성 시킨 후 간이 잘 맞아요.

 ## 무 이야기

* 쪽파 이야기 25쪽

고르기

- 제철은 겨울
- 무청이 싱싱하며 겉에 흙이 묻은 것, 표면이 마르지 않은 것을 구입해야 수분이 많고 단단해요. 무의 가운데 구멍이 있을 경우 수분이 빠져나간 것이므로 피하는 것이 좋지요.
- 제철이 아닌 무는 쓴맛, 아린 맛이 나는 경우가 많답니다.

보관하기

잎을 제거한 후 흙이 묻은 채로 키친타월로 감싸 냉장(20일).
사용하고 남은 무는 썬 단면을 랩으로 감싸 냉장(7~10일).
무를 썰어두면 바람이 들어 쓴맛이 나거나 식감이 스펀지같이 푸석해지기 때문에 가급적 빨리 먹는 것이 좋아요.

 **간 맞추기**

숙성 시킨 후 맛보았을 때 **짜다면** 한입 크기로 썬 무 100~150g을 더하거나 매실청 또는 간 양파 1/2~1큰술을 넣고 섞어 1~2일간 냉장 숙성 시킨 후 먹어요.
싱겁다면 소금(기호에 따라 가감)을 넣고 섞어 무가 아닌 양념의 맛을 보며 부족한 간을 더해요.

깍두기

 30~40분(+ 무 절이기 최대 1시간 30분, 숙성 시키기 최대 1일)

🥕 10회분

❄ 냉장 1개월

> 절인 무를 씻으면 단맛이 빠져나가므로 씻지 않아요.

1
무는 사방 2cm 크기로 썬 후 소금과 섞어 가장자리가 투명해질 때까지 1시간 ~1시간 30분간 중간중간 위아래로 뒤집어가며 절인다. 체에 밭쳐 30분간 물기를 완전히 뺀다.

2
냄비에 찹쌀풀 재료를 넣고 중간 불에서 1분 30초간 저어가며 걸쭉한 상태가 되도록 끓인 후 완전히 식힌다.

▶ 찹쌀풀을 완전히 식혀서 넣어야 채소의 식감을 유지할 수 있어요.

3
볼에 찹쌀풀, 양념 재료를 넣고 섞어 실온에서 10분간 숙성 시킨다.

▶ 양념을 숙성 시키면 고춧가루가 불어 재료와 더 잘 버무려지고, 특유의 날내가 나지 않아요.

- 무 1개(1.5~2kg)
- 쪽파 1줌(50g)
- 고춧가루 5큰술
- 소금 1큰술

찹쌀풀
- 찹쌀가루 1큰술
- 물 3/4컵(150㎖)

양념
- 고춧가루 8큰술(40g)
- 다진 마늘 1큰술
- 액젓(멸치 또는 까나리) 4큰술
- 매실청(또는 올리고당) 3큰술
- 소금 1작은술
  (기호에 따라 가감)

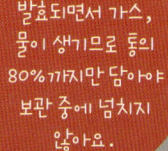

무와 고춧가루를 먼저 버무리면 붉은색이 들어서 먹음직스러운 깍두기가 돼요.

발효되면서 가스, 물이 생기므로 통의 80%까지만 담아야 보관 중에 넘치지 않아요.

④
쪽파는 3cm 길이로 썬다.

⑤
다른 볼에 무, 고춧가루를 넣고 2~3분간 버무린다. ③의 양념을 넣고 살살 섞는다.

⑥
쪽파를 넣어 살살 버무린다. 통의 80% 정도까지 담아 실온에서 여름에는 8~10시간, 봄, 가을, 겨울에는 1일간 숙성 시킨 후 냉장 보관한다.

 Tip

깍두기 양념으로 총각김치를 담그고 싶다면?

총각무 1단(2.5~3kg) **절임물** 굵은소금 4큰술, 물 2컵(400㎖) **찹쌀풀** 찹쌀가루 1큰술, 물 3/4컵(150㎖)
양념 고춧가루 1컵(90g), 다진 마늘 2큰술, 액젓(멸치 또는 까나리) 6큰술, 매실청 5큰술, 소금 1과 1/2작은술

1) 총각무는 씻고 체에 밭쳐 물기를 뺀 다음 무 부분을 길이로 2등분한다.
2) 볼에 절임물 재료를 넣고 소금이 녹을 때까지 충분히 저어준다. 총각무의 무 부분만 넣어 1시간 30분, 줄기 부분까지 모두 넣고 줄기가 휘어질 때까지 1시간 동안 중간중간 뒤집어가며 절인다.
3) 씻은 후 체에 밭쳐 30분간 물기를 완전히 뺀다. 깍두기 과정 ②, ③을 진행한다.
4) 볼에 총각무, 양념을 넣고 살살 버무린다. 통의 80%정도까지 담아 실온에서 여름에는 6~8시간, 봄, 가을, 겨울에는 12시간 숙성시킨 후 냉장 보관한다.

Chapter 1   꼭 알아두자, 기본 김치

열무김치

열무김치 이야기

1
열무를 썰면 더 빠르게 절일 수 있지만 단맛이 모두 빠져나가게 돼요. 따라서 통째로 절인 후 써는 것이 좋아요.

2
밀가루풀을 더하면 열무 특유의 풋내가 없어지고 시원한 맛이 살아나요.

3
양념에 고춧가루 대신 홍고추를 갈아 넣어 더 개운하고 산뜻하지요. 감칠맛도 진하고요.

 ### 열무 이야기

* 양파 이야기 57쪽

고르기
- 제철은 여름
- 연한 연두색을 띠며 줄기가 통통하고, 전체적으로 여린 것이 좋아요.
- 잎, 줄기가 많이 자란 것은 질기기 때문에 피하는 것이 좋지요.
- 늦여름에 열무김치를 담근다면 뿌리 부분에서 아린 맛이 날 수 있으므로 뿌리는 제거하세요.

보관하기
씻지 않은 채 키친타월로 감싸 냉장(3일).

 **간 맞추기**

숙성 시킨 후 맛보았을 때 **짜다면** 채 썬 양파 1/2개(100g), 또는 한입 크기로 썬 오이 1/2개(100g)를 넣고 섞어 1~2일간 냉장 숙성 시킨 후 먹어요. **싱겁다면** 소금(기호에 따라 가감)을 넣고 섞어 열무가 아닌 양념의 맛을 보며 부족한 간을 더해요. **열무에서 쓴맛이 난다면** 간 양파 1/2개(100g) 또는 간 배 1/4개(약 120g)를 더한 후 1~2일간 냉장 숙성 시킨 후 먹어요.

열무김치

 25~35분(+ 열무 절이기, 물기 빼기 2시간, 숙성 시키기 최대 3일)

🥕 15회분

❄ 냉장 1개월

> 오래 절이면 쉽게 물러지고, 덜 절이면 물이 많이 생기므로 시간과 상태를 확인해요.

1
열무의 뿌리 부분을 칼로 살살 긁어 흙을 제거한다.
찬물에 담가 살살 흔들어 씻는다.

▶ 열무는 세게 문지르면 풋내가 나므로 물에 담가 살살 흔들어 씻어요.

2
볼에 절임물 재료를 넣고 소금이 녹을 때까지 충분히 저어준 후 열무를 넣는다.
줄기가 부드럽게 휘어질 때까지 중간중간 위아래로 뒤집어가며 1시간 30분간 절인다.

3
열무는 씻은 후 체에 받쳐 30분간 물기를 완전히 뺀 다음 5cm 길이로 썬다.
이때, 뿌리 부분이 두껍다면 길이로 2등분한다.
양파는 0.5cm 두께로 썰고, 대파는 어슷 썬다.

- 열무 1단(약 700g)
- 양파 1개(200g)
- 대파(흰 부분) 20cm 2대

절임물
- 굵은소금 2큰술
- 물 2컵(400㎖)

밀가루풀
- 밀가루 2큰술
- 물 1컵(200㎖)

양념
- 홍고추 8개(120g)
- 마늘 5쪽(25g)
- 생강 1톨(마늘 크기, 5g)
- 설탕 1큰술
- 까나리액젓 2큰술
- 생수 1/2컵(100㎖)

4
냄비에 밀가루풀 재료를 넣고 중간 불에서 3분간 저어가며 걸쭉한 상태가 되도록 끓인 후 완전히 식힌다.

▶ 밀가루풀을 완전히 식혀서 넣어야 열무의 식감을 유지할 수 있어요.

5
믹서에 양념 재료를 넣고 간다. 볼에 담고 밀가루풀과 섞는다.

6
모든 재료를 넣고 살살 섞는다. 통에 담아 실온에서 8~12시간, 냉장실에서 2~3일간 숙성 시킨 후 냉장 보관한다.

▶ 열무는 여름에만 구할 수 있는 재료이므로 여름 기준으로만 숙성 시간을 제시합니다.

Chapter 1 꼭 알아두자, 기본 김치

동치미

동치미 이야기

1
알이 작은 동치미 무는
겨울에만 짧게 판매하므로
구하기 쉽지 않지요.
그래서 일 년 내내 만나기
쉬운 무로 개발했어요.

2
낮은 온도에서 천천히
익혀야 시원하고
톡 쏘는 맛이 생기므로
실온에서 시작해 냉장
숙성 시키는 것이 좋아요.

3
무를 크게 썬 덕분에
저장 기간이 긴 편이랍니다.

 ### 배 이야기

* 무 이야기 37쪽

고르기
- 제철은 가을
- 배의 가장 대표적인 품종은 바로 신고배.
  신고배는 크기가 크고 껍질이 황금빛을 띠는 특징이 있어요.
- 껍질에 고유의 밝은 색의 작은 점이 있으며
  표면이 매끄럽고 단단한 것, 껍질이 얇은 것,
  꼭지 부분이 끈적거리지 않는 것이 좋은 배이지요.
  꼭지 반대쪽이 납작할수록 단맛이 강하답니다.

보관하기
위생팩에 담아 냉장(1개월). 사과와 함께 보관할 경우
쉽게 상하므로 따로 보관하는 것이 좋아요.

숙성 시킨 후 맛보았을 때 **짜다면** 생수를 넣고 바로 국물의 맛을 보세요.
싱겁다면 소금(기호에 따라 가감)을 넣고 섞어 무가 아닌 국물의 맛을 보며 부족한 간을 더해요.

동치미

- 🕐 20~30분 (+ 숙성 시키기 최대 17일)
- 🥕 10회분
- ❄ 냉장 3개월

1

무는 6~8등분한다.

2

배는 껍질째 4~6등분한 후 씨의 노란 부분까지 완전히 없앤다.

▶ 씨의 노란 부분까지 제거해야 숙성 시킨 후 신맛이 강하지 않아요.

3

배는 젓가락으로 10회 이상 찔러 구멍을 낸다.

▶ 배에 구멍을 내면 과즙이 국물에 더 잘 우러나요.

- 무 2개(3~4kg)
- 배 1/2개(250g)
- 쪽파 5줄기(40g)
- 마늘 5쪽(25g)
- 생강 2톨(마늘 크기, 10g)
- 풋고추 2개
- 홍고추 1개(생략 가능)

절임물
- 굵은소금 6큰술
- 생수 12와 1/2컵(2.5ℓ)

4
마늘, 생강은 편 썰고 풋고추, 홍고추는 길게 칼집을 2~3회 넣는다.

▶ 고추에 칼집을 넣으면 매운 맛이 국물에 더 잘 우러나요.

5
통에 절임물 재료를 넣고 소금이 녹을 때까지 충분히 저어준 후 나머지 재료를 넣는다.

▶ 과정 ⑤까지 진행한 후 맛 보았을 때 짭조름해야 숙성 시킨 후 간이 잘 맞아요.

6
넓은 그릇으로 꾹 눌러 재료가 국물에 잠기도록 한다. 여름에는 실온에서 6~8시간 후 냉장 1주일, 봄, 가을, 겨울에는 실온에서 2일 후 냉장 15일간 숙성 시킨다.

▶ 넓은 그릇으로 눌러 재료가 국물에 잠기도록 해야 무가 싱겁지 않아요.

Recipe Plus

배추김치, 예쁘게 담아볼까요?

맛있게 담근 김치를 대충 담아 식탁에 올릴 수는 없는 법.
매일 만나는 배추김치를 늘 있는 그릇에,
다른 소품 없이도 멋스럽게 담는 방법을 소개합니다.

노하우 1

먹음직스럽게 통째로!

1. 배추김치를 포기째 그대로 한쪽 부분을 썬다.
2. 썬 김치의 속 단면이 잘 보이도록 그릇에 눕혀 담는다.
3. 둥근 포기 모양이 잘 살도록 모양을 잡아준다.

노하우 2
엄마 손맛 나게
길게 말아서!

1 배추김치를 포기째 길이로 썬다.
2 배추 잎을 한 장씩 돌돌 만다.

노하우 3
한정식 스타일
한입 크기로!

1 배추김치를 포기째 한쪽 부분을 썬다.
2 썬 김치를 눕힌 후
  열십(+)자로 4등분한다.
3 그릇에 세우거나 눕혀 담는다.

Tip 조금 더 신경쓰고 싶다면?
1) 미나리, 쪽파 등의 얇은 초록색 채소를 한두 줄기 올린다.
2) 흰색 그릇도 좋지만 그와 반대로 검은색 그릇에 담으면 고급스러운 느낌이 더해진다.

Chapter 2

꼭 알고 싶었다, 맛집 김치

설렁탕에 섞박지, 보쌈에 무김치처럼
외식하다 보면 주요리보다
김치를 더 많이 먹게 되는 경우가 있지요.
꼭 만들어보고 싶었던
맛집 김치 레시피를 소개합니다.

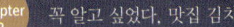 Chapter 2 꼭 알고 싶었다, 맛집 김치

백김치

백김치 이야기

1
매콤한 불족발이나
닭발을 배달 시켰을 때
함께 오는 그 백김치예요.
시원하고 톡 쏘는 맛이
인상적이랍니다.

2
맵지 않아 아이들이
먹기에도 좋아요.

3
고온에서 빨리 익히면
배추가 물러지거나
군내가 나므로 일정한
온도에서 서서히
숙성 시키는 게 중요해요.

 ### 생강 이야기

* 배추 이야기 17쪽

고르기

- 제철은 가을~겨울
- 만졌을 때 무르지 않고 단단하며 황토색을 띠는 것,
  특유의 매운 냄새가 진한 것,
  1개에 여러 조각이 붙어 있는 것이 좋아요.
- 썰어 판매하는 것보다 흙이 묻어 있고 껍질이 있는 생강이
  더 신선한 편이지요.

보관하기

키친타월로 감싼 후 랩으로 감싸 냉장(1주). 다진 후 지퍼백에 넣고
평평하게 만든 다음 한 번 사용할 분량씩 칼집을 내어 냉동(3개월).
해동 없이 한 조각씩 떼어 요리에 활용.

 **간 맞추기**

숙성 시킨 후 맛보았을 때 **짜다면** 생수를 넣고 바로 국물의 맛을 보세요.
싱겁다면 소금(기호에 따라 가감)을 넣고 섞어 배추가 아닌 국물의 맛을 보며 부족한 간을 더해요.

백김치

- ⏱ 20~30분(+ 배추 절이기 최대 10시간, 숙성 시키기 최대 3일)
- 🥕 20회분
- ❄ 냉장 1개월

1
배추를 절인다.

▶ 배추 절이기는 18쪽 과정 ①~⑧을 진행해요.

2
냄비에 찹쌀풀 재료를 넣고 중간 불에서 1분간 저어가며 걸쭉한 상태가 되도록 끓인 후 완전히 식힌다.

3
믹서에 양념 재료를 넣고 간다. 젖은 면포로 감싸 통을 아래에 두고 즙을 최대한 짠다.

▶ 간 배와 양파가 국물에 들어갈 경우 국물이 탁해질 수 있으므로 꼭 젖은 면포로 짜서 즙만 더해요.

- 배추 1포기(2.5~3kg, 또는 절임 배추 1.5~2kg)
- 대파(흰 부분) 20cm 3대
- 생강 2톨(마늘 크기, 10g)

절임물
- 굵은소금 1컵(150g)
- 물 10컵(2ℓ)

찹쌀풀
- 찹쌀가루 1큰술
- 물 1/2컵(100㎖)

양념
- 배 1/4개(약 120g)
- 양파 1/4개(50g)
- 다진 마늘 1큰술
- 생수 1컵(200㎖)

국물
- 설탕 1큰술
- 소금 1큰술
- 생수 3컵(600㎖)

국물에 배추가 잘 잠기도록 꾹꾹 눌러주세요.

4

대파는 길이로 2등분하고, 생강은 얇게 편 썬다.
③의 통에 찹쌀풀, 국물 재료를 넣고 설탕, 소금이 녹을 때까지 충분히 저어준다.

5

④의 통에 배추의 썬 단면이 위를 향하도록 담고 대파, 생강을 올린다.

6

위생팩을 덮고 꾹꾹 눌러 최대한 공기를 빼고 국물에 잠기도록 한다.
실온에서 여름에는 1일, 봄, 가을, 겨울에는 2~3일간 숙성 시킨 후 냉장 보관한다.

▶ 배추에 공기가 닿으면 쓴맛이 나므로 위생팩을 덮어 공기와의 접촉을 최소로 하는 것이 좋아요.

Chapter 2 꼭 알고 싶었다, 맛집 김치

섞박지

섞박지 이야기

1
설렁탕 전문점에서 맛볼 수 있는 감칠맛, 단맛이 나는 무김치예요.

2
무를 설탕, 굵은소금과 함께 절인 덕분에 씹을수록 단맛이 나지요.

3
사이다를 넣으면 톡 쏘는 맛을 느낄 수 있으며 숙성 시간도 줄일 수 있어요.
주로 식당에서 많이 활용하는 노하우이지요.

 ### 양파 이야기

*무 이야기 37쪽

고르기
- 제철은 여름
- 껍질이 얇고 투명한 것, 눌렀을 때 묵직하며 단단한 것, 싹이 나지 않은 것이 좋아요.
- 작고 끝이 뾰족한 것은 크고 둥근 것보다 단맛이 더 강하지요.

보관하기
망에 담아 서늘하고 통풍이 잘 되는 곳(1개월).
껍질을 제거한 후 밀폐용기에 담아 냉장(15일).
양파는 서로 닿으면 쉽게 물러질 수 있으니 서로 닿지 않게 보관하는 것이 좋지요.

 **간 맞추기**

숙성 시킨 후 맛보았을 때 **짜다면** 한입 크기로 썬 무 100g을 넣고 섞어 1~2일간 냉장 숙성 시킨 후 먹어요. **싱겁다면** 소금(기호에 따라 가감)을 넣고 섞어 무가 아닌 양념의 맛을 보며 부족한 간을 더해요.

섞박지

- 20~30분(+ 무 절이기 1시간~1시간 30분, 숙성 시키기 최대 2일)
- 10회분
- 냉장 1개월

> 절인 무를 씻으면 단맛이 빠져나가므로 씻지 않아요.

1
무는 1.5cm 두께로 썬 후 열십(+)자로 썬다.

2
볼에 무, 절임 재료를 넣고 섞는다. 무의 가장자리가 투명해질 때까지 1시간~1시간 30분간 중간중간 위아래로 뒤집어가며 절인다. 체에 밭쳐 30분간 물기를 완전히 뺀다.

▶ 무를 절일 때 설탕을 넣으면 무의 매운 맛을 보완할 수 있어요.

3
믹서에 양념 재료를 넣고 간 후 볼에 담는다. 고춧가루를 넣어 섞고 사이다를 붓는다.

▶ 고춧가루를 함께 갈 경우 고춧가루가 수분을 흡수하고, 다른 재료가 쉽게 갈리지 않으므로 따로 섞는 것이 좋아요.

- 무 1개(1.5~2kg)
- 고춧가루 1/2컵(45g)
- 사이다 1/2컵(100㎖)

절임
- 굵은소금 1과 1/2큰술
- 설탕 1큰술

양념
- 양파 1/2개(100g)
- 마늘 5쪽(25g)
- 설탕 2큰술
- 소금 1과 1/2큰술
- 멸치액젓 3큰술

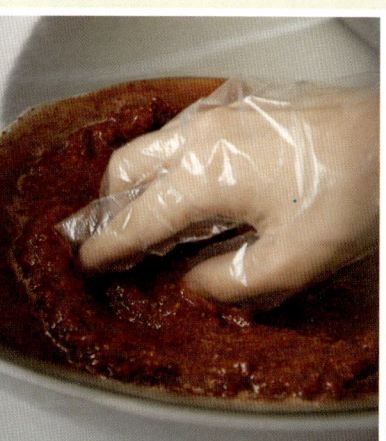

④ 사이다와 양념을 골고루 섞는다.

▶ 사이다를 나중에 넣어야 톡 쏘는 탄산이 살아 있어요.

⑤ 절인 무를 넣고 버무린다. 통에 담아 실온에서 여름에는 8~10시간, 봄, 가을, 겨울에는 1~2일간 숙성 시킨 후 냉장 보관한다.

Chapter 2 꼭 알고 싶었다, 맛집 김치

알배기배추겉절이

알배기배추겉절이 이야기

1
양념이 겉돌지 않고
아삭한 식감이 살아 있는,
칼국수 전문점에서
맛본 그 겉절이예요.

2
배추의 속잎처럼 아삭하고
노란 알배기배추를 활용해서
더 간단하지요.

3
냉장 보관이 3일 정도
가능하지만 만든 후 바로
먹는 것이 제일 맛있답니다.

 ### 알배기배추 이야기

고르기
- 제철은 봄
- 쌈 배추라고도 불리는 미니 배추예요. 맛이 연하고
  아삭한 식감이 좋으며 단맛이 나는 특징이 있어요.
- 노란 잎이 선명하고 벌레 먹은 부분이 없는 것, 짓무르지
  않은 것이 좋아요. 들었을 때 묵직해야 속까지 잘 차있답니다.

보관하기
랩으로 감싸 냉장(7일).

무친 후 맛보았을 때 **짜다면** 한입 크기로 썬 알배기배추 잎 2장(60g)을 넣고 섞어 바로 맛을 보세요.
싱겁다면 소금(기호에 따라 가감)을 넣고 섞어 바로 맛을 보세요.

알배기배추겉절이

- 🕐 15~20분(+ 양념 숙성 시키기, 배추 절이기 15분)
- 🥕 3~4인분
- ❄️ 냉장 3일

절이는 중간중간 뒤집어주면 더 골고루 절여져요.

① 볼에 양념 재료를 넣고 섞어 10분간 숙성 시킨다.

▶ 양념을 숙성 시키면 고춧가루가 불어 재료와 더 잘 버무려지고, 특유의 날내가 나지 않아요.

② 알배기배추는 길이로 2등분한 후 1cm 두께로 어슷 썬다.

③ 볼에 배추, 소금을 넣고 섞어 15분간 절인다.

- 알배기배추 잎 10장
  (손바닥 크기,
  또는 배추 잎 7장,
  양배추 10장, 300g)
- 소금 1과 1/2큰술
- 통깨 약간

양념
- 고춧가루 3큰술
- 다진 마늘 1/2큰술
- 설탕 2작은술
- 액젓(멸치 또는 까나리) 2작은술

④ 흐르는 물에 헹군 후 체에 밭쳐 탈탈 털어 물기를 완전히 뺀다.

⑤ ①의 볼에 알배기배추, 통깨를 넣고 양념을 풀어가며 무친다.

Chapter 2 꼭 알고 싶었다, 맛집 김치

보쌈무김치

보쌈 무김치 이야기

1 유명 보쌈 체인점에 가면 고기만큼 많이 먹는 무김치입니다.

2 무를 결 반대 방향으로 썰면 절이는 과정에서 수분이 많이 나와 꼬들꼬들한 무의 식감이 잘 살아나요.

3 무를 볼이 아닌 위생팩에 넣고 절이면 훨씬 더 골고루 절여진답니다.

 ## 미나리 이야기

* 무 이야기 37쪽

고르기

- 제철은 봄
- 다른 미나리에 비해 속이 꽉 차 있고 부드러운 식감을 가진 청도 한재 미나리, 줄기 아래쪽이 붉은빛을 띠며 향이 진하고 잎이 많은 돌미나리, 식감이 연하며 속이 비어 있는 미나리(물미나리) 등 다양한 종류가 있어요. 김치에는 어떤 종류를 사용해도 좋아요.
- 잎이 선명한 녹색이고 광택이 있으며 줄기는 길고 굵은 것, 향이 진하고 만졌을 때 말랐거나 짓무르지 않은 것이 좋아요.

보관하기

뿌리 부분은 젖은 키친타월, 줄기와 잎 부분은 키친타월로 감싼 후 다시 랩으로 감싸 냉장(5일). 미나리는 물에서 자라기 때문에 뿌리를 젖게 두면 더 싱싱하게 보관할 수 있어요.

숙성 시킨 후 맛보았을 때 **짜다면** 한입 크기로 썬 미나리 4~5줄기(10g)를 넣고 섞어 바로 맛을 보세요.
싱겁다면 소금(기호에 따라 가감)을 넣고 섞어 무가 아닌 양념의 맛을 보며 부족한 간을 더해요.

보쌈무김치

 20~30분(+ 무 절이기 1시간, 숙성 시키기 30분)

 5회분

❄ 냉장 2일

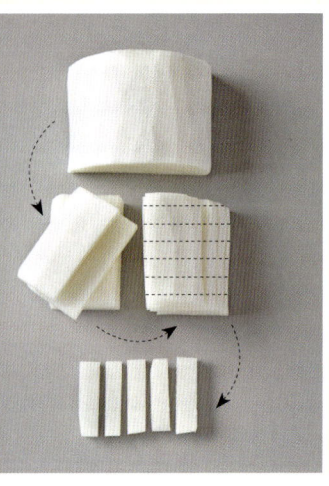

1
무는 4등분한 후 0.8cm 두께로 썰고 다시 0.8cm 두께로 결 반대 방향으로 썬다.

2
볼에 무, 절임 재료를 넣고 설탕이 녹을 때까지 1분간 버무린다.

3
위생팩에 넣고 평평하게 펼친 후 무가 휘어질 때까지 실온에서 1시간 동안 절인다. 흐르는 물에 2~3회 헹군 후 체에 받쳐 물기를 뺀다.

▶ 무를 위생팩에 넣고 절이면 설탕, 소금이 무 표면에 골고루 닿아 더 잘 절여져요.

- 무 지름 10cm, 두께 5cm(500g)
- 쪽파 1/2줌 (또는 미나리 1/2줌, 25g)
- 미나리 1/2줌 (또는 쪽파 1/2줌, 35g)

절임
- 설탕 5큰술
- 소금 1/2큰술

양념
- 고춧가루 4큰술
- 통깨 1큰술
- 다진 마늘 1과 1/2큰술
- 액젓(멸치 또는 까나리) 1큰술
- 물엿 4큰술
- 고추장 1/2큰술
- 설탕 2작은술

> 물기를 최대한 없애야 숙성 시킨 후 물이 생기지 않아요.

④ 면포로 감싸 물기를 완전히 짜 없앤다.

⑤ 쪽파, 미나리는 3cm 길이로 썬다. 볼에 양념 재료를 넣고 섞은 후 무를 넣고 버무린다.

⑥ 쪽파, 미나리를 넣고 살살 버무린다. 통에 담아 냉장실에서 30분간 숙성 시킨다.

▶ 완전히 익혀 먹는 김치가 아니므로 계절에 상관 없이 숙성 시간을 지키면 됩니다.

Tip 숙성 시킨 후 물이 너무 많이 생겼다면?
과정 ④에서 무의 물기를 완전히 없애지 않았다면 완성 후 물이 많이 생길 수 있어요.
이때, 통을 한쪽으로 기울이면 물만 고이는데요, 이 물을 버린 후 보쌈 무김치를 다시 섞으면 돼요.
또는 먹기 직전에 고춧가루 1/2큰술을 넣고 섞어도 좋아요.

Chapter 2 꼭 알고 싶었다, 맛집 김치

나박김치

나박김치 이야기

1
한정식집에서 만날 수 있는 깔끔하고 은은한 단맛의 물김치입니다. 비트를 더해 고급스러운 색과 깔끔한 맛을 살렸어요.

2
시간이 지날수록 신맛이 진해지므로 취향에 따라 숙성 기간을 늘려도 좋아요.

3
먹기 직전 썬 오이나 사과를 넣으면 더욱 고급스러워요.

 ### 비트 이야기 *무 이야기 37쪽

고르기
- 제철은 봄
- 모양이 둥글고 겉이 단단하며 흠집이 없는 것이 좋아요.
  썰어서 판매하는 비트의 경우 단면이 마르지 않은 것으로 고르세요.

보관하기
랩으로 감싸 냉장(1개월).
수분이 많지 않아 오래 보관이 가능해요.

 **간 맞추기**

숙성 시킨 후 맛보았을 때 **짜다면** 생수를, **싱겁다면** 소금(기호에 따라 가감)을 넣고 섞어 배추가 아닌 국물의 맛을 보며 부족한 간을 더해요. 많이 익어 **신맛이 강하다면** 생수 1/2컵(100㎖), 설탕 1작은술, 소금 약간을 섞은 후 조금씩 넣으며 배추가 아닌 국물의 맛을 보세요.

나박김치

- ⏱ 20~30분(+ 숙성 시키기 최대 1일)
- 🥕 4~5회분
- ❄ 냉장 15~20일

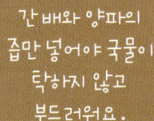
간 배와 양파의 즙만 넣어야 국물이 탁하지 않고 부드러워요.

① 무, 비트는 2×2×0.3cm 크기로, 알배기배추는 2×2cm 크기로 썬다. 쪽파, 미나리는 4cm 길이로 썬다.

② 믹서에 양념 재료를 넣고 간다.

③ 통을 아래에 두고 ②를 젖은 면포로 감싸 즙을 최대한 짠다.

- 무 지름 10cm,
  두께 2cm(200g)
- 비트 1/8개(50g, 생략 가능)
- 알배기배추 잎 4장
  (또는 배추 잎 3장, 120g)
- 쪽파 1/2줌(25g)
- 미나리 1/2줌
  (줄기 부분, 35g, 생략 가능)

양념
- 배 1/4개(약 120g)
- 양파 1/2개(100g)
- 다진 마늘 1큰술
- 다진 생강 2작은술
- 생수 1컵(200㎖)

국물
- 소금 1과 1/2큰술
- 설탕 1큰술
- 생수 4컵(800㎖)

④ ③의 통에 국물 재료를 넣고 소금, 설탕이 녹을 때까지 충분히 저어준다.

⑤ ①의 채소를 넣고 실온에서 여름에는 10~12시간, 봄, 가을, 겨울에는 1일간 숙성 시킨 후 냉장 보관한다.

Tip 숙성 시킨 후 채소가 물러졌다면?

28℃ 이상의 높은 온도에서 오래 익히면 채소가 물러져요.
물러진 채소는 건져내고 국물에 배, 사과, 오이, 미나리를 넣고 바로 먹어요.

Chapter 2 꼭 알고 싶었다, 맛집 김치

파김치

파김치 이야기

1
삼겹살 전문점에서 맛볼 수 있는 푹 익은 파김치입니다.

2
익으면 익을수록 파와 액젓의 구수한 맛이 잘 어우러지므로 푹 익혀 먹는 게 좋아요.

3
멸치액젓으로 줄기 부분을 절여 두꺼운 줄기 부분에도 감칠맛이 더해지도록 했어요.

쪽파 이야기

고르기
- 제철은 가을~겨울
- 잎 부분은 연하고 마르지 않은 것, 줄기 부분은 여러 갈래로 가늘게 나뉘어지지 않은 것이 좋아요.
- 줄기 아래쪽의 흰 부분이 긴 것은 중국산일 수 있으므로 주의해요.

보관하기
키친타월로 감싼 후 랩으로 다시 감싸 냉장(7일).

숙성 시킨 후 맛보았을 때 **짜다면** 간 양파 1/4개(50g) 또는 한입 크기로 썬 쪽파 1/2줌(25g)을 넣고 섞어 1~2일간 냉장 숙성 시킨 후 먹어요. **싱겁다면** 소금(기호에 따라 가감)을 넣고 섞어 쪽파가 아닌 양념의 맛을 보며 부족한 간을 더해요.

파김치

 30~40분(+ 쪽파 물기 빼기, 절이기 1시간, 숙성 시키기 최대 2일)

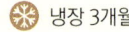 15회분

❄ 냉장 3개월

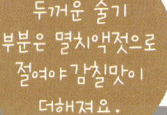
두꺼운 줄기 부분은 멸치액젓으로 절여야 감칠맛이 더해져요.

1
쪽파는 잎의 끝부분을 조금 자른 후 씻는다. 줄기 부분이 아래를 향하도록 체에 밭쳐 30분 이상 물기를 완전히 뺀다.

▶ 잎의 끝 부분을 조금 자르면 물이 고이지 않아 완성 후 싱겁지 않아요.
▶ 줄기로 물이 잘 빠지므로 줄기 부분이 아래를 향하도록 담아요.

2
쪽파 줄기 부분에 멸치액젓을 뿌려 중간중간 위아래로 뒤집어가며 30분간 절인다.

3
냄비에 찹쌀풀 재료를 넣고 중간 불에서 1분 30초간 저어가며 묽은 상태가 되도록 끓인 후 완전히 식힌다. 양념 재료와 섞어 10분간 숙성 시킨다.

▶ 찹쌀풀을 완전히 식혀서 넣어야 쪽파가 물러지지 않아요.
▶ 양념을 숙성 시키면 고춧가루가 불어 재료와 더 잘 버무려지고, 특유의 날내가 나지 않아요.

- 쪽파 2봉(약 500g)
- 멸치액젓 4큰술
- 생수 1/4컵(50㎖)
- 소금 약간

찹쌀풀
- 찹쌀가루 2작은술
- 물 1/2컵(100㎖)

양념
- 고춧가루 1/2컵(45g)
- 다진 마늘 1큰술
- 새우젓 1큰술
- 매실청 2큰술
- 설탕 1/2작은술

④
②의 볼을 기울였을 때 고이는 멸치액젓에 ③의 양념을 넣고 섞는다.

⑤
쪽파 1/4분량에 양념 1/4분량을 바른다. 이 과정을 3회 더 반복한 후 쪽파를 적당량씩 반으로 접어 통에 담는다. 이때, 양념이 남은 볼은 씻지 않는다.

⑥
양념이 남아 있는 ⑤의 볼에 생수 1/4컵(50㎖), 소금을 넣고 남은 양념과 섞은 후 통에 붓는다. 김치를 꾹꾹 누른 후 위생팩으로 덮고 한번 더 눌러 최대한 공기를 뺀다. 실온에서 여름에는 10~12시간, 봄, 가을, 겨울에는 1~2일간 숙성 시킨 후 냉장 보관한다.

▶ 김치에 공기가 닿으면 군내가 나므로 위생팩을 덮어 공기와의 접촉을 최소로 하는 것이 좋아요.

꼭 알고 싶었다, 맛집 김치

부추김치

부추김치 이야기

1
부추를 소금에
절이는 과정이 없는
간단 김치입니다.

2
부추는 손이 많이
닿을수록 특유의 풋내가
나므로 살살 섞어야 해요.

3
부추에 미리 고춧가루를
무치면 양념이 고루 입혀져요.
액젓과 새우젓을 함께
사용하여 깔끔하고 구수한
맛을 냈답니다.

 ### 부추 이야기

*양파 이야기 57쪽

고르기

- 제철은 여름
- 김치, 각종 요리에 사용하는 일반 부추,
  두껍고 길며 색이 진한 호부추,
  얇고 길이가 짧은 영양부추, 세 종류가 있어요.
  부추김치는 일반 부추로 담그는 것이 가장 좋아요.
- 짓무르지 않고 향이 진한 것이 싱싱해요.

보관하기

씻지 않은 채 한 번 먹을 분량씩 키친타월로 감싼 후
지퍼백에 담아 냉장(5일).

 **간 맞추기**

숙성 시킨 후 맛보았을 때 **짜다면** 채 썬 양파 1/4개(50g)를 넣고 섞어 1~2일간 냉장 숙성 시킨 후 먹어요.
싱겁다면 소금(기호에 따라 가감)을 넣고 섞어 부추가 아닌 양념의 맛을 보며 부족한 간을 더해요.

부추김치

- 🕐 25~35분 (+ 부추 물기 빼기 30분, 숙성 시키기 최대 2일)
- 🥕 15회분
- ❄️ 냉장 1개월

> 부추와 고춧가루를 먼저 섞으면 양념이 고루 입혀져요.

1
부추는 30분 이상 체에 밭쳐 물기를 완전히 뺀 후 5cm 길이로 썬다.
양파, 당근은 0.5cm 두께로 채 썬다.

2
볼에 양념 재료를 넣고 섞어 15분간 숙성 시킨 후 양파, 당근을 넣고 버무린다.

▶ 양념을 숙성 시키면 고춧가루가 불어 재료와 더 잘 버무려지고, 특유의 날내가 나지 않아요.

3
다른 볼에 부추, 고춧가루를 넣어 살살 섞는다.

▶ 부추는 살살 버무려야 풋내가 나지 않아요.

- 부추 1단(500g)
- 양파 1/2개(100g)
- 당근 1/4개(50g)
- 고춧가루 1/2컵(45g)
- 생수 1/4컵(50㎖)
- 소금 약간

양념
- 다진 마늘 2큰술
- 새우젓 1큰술
- 매실청 3큰술
- 다진 생강 1작은술
- 고춧가루 1/4컵(약 20g)
- 액젓 1/2컵
  (멸치 또는 까나리, 100㎖)

④
③의 볼에 ②를 넣고 살살 버무린 후 통에 담는다. 이때, 양념이 남은 볼은 씻지 않는다.

▶ 부추는 살살 버무려야 풋내가 나지 않아요.

⑤
양념이 남아 있는 ④의 볼에 생수 1/4컵(50㎖), 소금을 넣고 남은 양념과 섞은 후 통에 붓는다.

⑥
김치를 꾹꾹 누른 후 위생팩으로 덮고 한 번 더 눌러 최대한 공기를 뺀다. 여름에는 실온에서 10~12시간, 봄, 가을, 겨울에는 실온에서 1~2일간 숙성 시킨 후 냉장 보관한다.

▶ 김치에 공기가 닿으면 군내가 나므로 위생팩을 덮어 공기와의 접촉을 최소로 하는 것이 좋아요.

Recipe Plus

김치 만든 날 함께 즐겨요!

누룽지 닭곰탕

🕐 50~60분   🍲 3~4인분

- 닭 볶음탕용 1팩(1kg)
- 누룽지 2장(100g)
- 채 썬 양파 1/2개분(100g)
- 어슷 썬 대파(흰 부분) 20cm
- 소금 2작은술
  (기호에 따라 가감)

국물
- 대파(흰 부분) 10cm 3대
- 마늘 4쪽(20g)
- 생강 1톨(마늘 크기, 5g)
- 통후추 1/2작은술
- 물 7컵(1.4ℓ)

1. 끓는 물(4컵)에 닭을 넣고 센 불에서 1분간 데친 후 체에 밭쳐 헹궈 물기를 뺀다.
2. 냄비에 닭, 국물 재료를 넣어 센 불에서 끓어오르면 뚜껑을 덮고 약한 불로 줄여 30분간 끓인다.
3. 젖은 면포를 깐 체에 ②의 국물을 거른다. 이때, 닭은 따로 둔다.
4. 다시 냄비에 닭, ③의 국물, 한입 크기로 부순 누룽지를 넣어 중간 불에서 8분, 양파, 대파, 소금을 넣고 3분간 끓인다. 소금으로 부족한 간을 더한다.

김치 만든 날 함께 먹기 좋은 대표 요리 두 가지를 소개합니다.
오늘 저녁, 푸짐하게 준비해보세요.

수육

⏱ 60~70분   🍲 3~4인분

- 돼지고기 통 삼겹살
  (수육용, 또는 앞다릿살) 600g

고기 삶을 물
- 양파 1/2개(100g)
- 대파 15cm 2대
- 건고추 1개(생략 가능)
- 마늘 5쪽(25g)
- 청주 2큰술
- 된장 3큰술
  (집 된장의 경우 1과 1/2큰술)
- 통후추 1작은술
- 물 10컵(2ℓ)

1 양파, 대파, 건고추는 3~4등분한다.
  냄비에 고기 삶을 물 재료를 넣고
  센 불에서 끓인다.

2 돼지고기는 키친타월로 감싸
  핏물을 없앤다.

3 ①의 끓는 물에 돼지고기를 넣어
  젓가락으로 찔렀을 때
  핏물이 나오지 않을 때까지
  중간 불에서 40~50분간 삶는다.

4 돼지고기를 건져 한 김 식힌 후
  한입 크기로 썬다.

Chapter
3

특별하게 즐기자, 이색김치

식탁에 빠질 수 없는 기본 김치도 좋지만
가끔은 더 쉬우면서도
조금은 특별한 김치가 생각나는 법.
숙성 기간이 짧아 만들어 바로 즐길 수 있는
이색 김치를 소개합니다.

특별하게 즐기자, 이색 김치

파프리카백김치

파프리카백김치 이야기

1
설탕을 넣지 않고
파프리카, 배, 양파와 같이
단맛이 강한 채소로
단맛을 살렸어요.

2
국물에 비해 건더기의 양이
더 많은 백김치랍니다.

3
새우젓을 넣어 시원한 맛을
더했어요.

 ### 파프리카 이야기 　　　　　　　　　　　　　　＊ 알배기배추 이야기 61쪽

고르기
- 제철은 봄~여름
- 과육이 두툼하며 상처가 없는 것, 골이 선명한 것, 꼭지가 초록색인 것이 싱싱해요.
- 색깔마다 약간의 맛의 차이가 있는데 주황색 파프리카가 가장 단맛이 강한 편이랍니다.

보관하기
씻지 않은 채 그대로 랩으로 감싸 냉장(10일).
썬 단면을 랩으로 감싸 지퍼백에 담아 냉장(5일).

숙성 시킨 후 맛보았을 때 **짜다면** 채 썬 파프리카 1/2개(100g) 또는 한입 크기로 썬 알배기배추 잎 2장(60g)을 넣고 섞어 1~2일간 냉장 숙성 시킨 후 먹어요. **싱겁다면** 소금(기호에 따라 가감)을 넣고 섞어 파프리카가 아닌 국물의 맛을 보며 부족한 간을 더해요.

파프리카 백김치

- ⏱ 20~30분 (+ 배추 절이기 1시간, 숙성 시키기 최대 2일)
- 🥄 7회분
- ❄ 냉장 15일

> 미지근한 물에 절이면 더 빨리 절일 수 있어요.

1
알배기배추 잎은 길이로 2등분한 후 3cm 두께로 썬다. 이때, 줄기와 잎 부분을 따로 둔다.

2
볼에 절임물 재료를 넣고 소금이 녹을 때까지 충분히 저어준다. 알배기배추 줄기 부분을 넣고 버무린 후 45분간 중간중간 뒤집어가며 절인다.

3
파프리카는 0.5cm 두께로 썰고, 쪽파는 4cm 길이로 썬다. 믹서에 양념 재료를 넣고 곱게 간다.

- 알배기배추 잎 20장
  (손바닥 크기, 또는
  배추 잎 15장, 600g)
- 파프리카 1개(200g)
- 쪽파 1줌(50g)

절임물
- 소금 4큰술
- 찬물 1/2컵(100㎖)
- 뜨거운 물 1/2컵(100㎖)

양념
- 배 1/4개(약 120g)
- 양파 1/4개(50g)
- 마늘 2쪽(10g)
- 생강 1/2톨(2g)
- 새우젓 1과 1/2큰술
- 생수 1/2컵(100㎖)

④

②의 볼에 알배기배추 잎 부분을 넣고 섞은 후 15분간 중간중간 위아래로 뒤집어가며 절인다.

⑤

체에 밭쳐 흐르는 물에 헹군 후 손으로 물기를 꼭 짠다.

▶ 절인 직후 배추는 간간한 편이에요. 많이 짜다면 잠길 만큼의 찬물에 담가 30분 정도 두세요.

⑥

통에 모든 재료를 넣고 버무린 후 위생팩으로 덮는다. 실온에서 여름에는 10~12시간, 봄, 가을, 겨울에는 1~2일간 숙성 시킨 후 냉장 보관한다.

▶ 김치에 공기가 닿으면 군내가 나므로 위생팩을 덮어 공기와의 접촉을 최소로 하는 것이 좋아요.

Chapter 3 특별하게 즐기자, 이색 김치

미나리김치

미나리김치 이야기

1
제철 미나리는 다른 계절의 미나리와 달리 아삭하고, 부드럽고, 단맛이 강하지요.

2
미나리를 양념과 섞을 때 살살 버무려야 해요. 세게 버무리면 미나리가 쉽게 짓물러지고 풋내가 날 수 있거든요.

3
양념이 진하지 않아 미나리 자체의 향을 많이 느낄 수 있어요.

미나리 이야기

* 양파 이야기 57쪽

고르기

- 제철은 봄
- 다른 미나리에 비해 속이 꽉 차 있고 부드러운 식감을 가진 청도 한재 미나리, 줄기 아래쪽이 붉은빛을 띠며 향이 진하고 잎이 많은 돌미나리, 식감이 연하며 속이 비어 있는 미나리(물미나리) 등 다양한 종류가 있어요. 김치에는 어떤 종류를 사용해도 좋아요.
- 잎이 선명한 녹색이고 광택이 있으며 줄기는 길고 굵은 것, 향이 진하고 만졌을 때 말랐거나 짓무르지 않은 것이 좋아요.

보관하기

뿌리 부분은 젖은 키친타월, 줄기와 잎 부분은 키친타월로 감싼 후 다시 랩으로 감싸 냉장(5일). 미나리는 물에서 자라기 때문에 뿌리를 젖게 두면 더 싱싱하게 보관할 수 있어요.

간 맞추기

숙성 시킨 후 맛보았을 때 **짜다면** 한입 크기로 썬 미나리 4~5줄기(10g)를 넣고 섞어 1~2일간 냉장 숙성 시킨 후 먹어요. **싱겁다면** 소금(기호에 따라 가감)을 넣고 섞어 미나리가 아닌 양념의 맛을 보며 부족한 간을 더해요.

미나리김치

- 🕐 30~40분(+ 숙성 시키기 1일)
- 🥕 6회분
- ❄ 냉장 1주

> 양념을 숙성 시키면 고춧가루가 불어 재료와 더 잘 버무려지고, 특유의 날내가 나지 않아요.

1
미나리는 시든 잎을 떼어내고 물기를 뺀 후 5cm 길이로 썬다.

2
양파와 당근은 0.5cm 두께로 채 썬다.

3
볼에 양념 재료를 넣어 섞은 후 10분간 둔다. ②를 넣고 버무린다.

- 미나리 2줌(140g)
- 양파 1/2개(100g)
- 당근 1/5개(40g)

양념
- 고춧가루 3큰술
- 다진 마늘 1/2큰술
- 멸치액젓 2와 1/2큰술
- 생수 1큰술
- 다진 생강 1/2작은술
- 매실청(또는 올리고당) 2작은술
- 소금 약간

④
미나리를 넣고 살살 버무린다.

▶ 세게 버무리면
짓무르고 풋내가 날 수 있어요.

⑤
통에 담고 냉장실에서 1일간 숙성 시킨다.
이때, 중간중간 양념이 골고루 배도록 젓가락으로 섞어준다.

Chapter 3 특별하게 즐기자, 이색 김치

양배추김치

양배추김치 이야기

1
양배추를 소금물에 절여 속까지 간이 잘 배도록 했어요.

2
소금물에 절이면 양배추가 가진 고유의 단맛을 더 잘 느낄 수 있습니다.

3
양념의 고춧가루 양을 줄이고, 홍고추를 갈아 넣은 덕분에 깔끔하고 가벼우면서 시원한 맛이 나지요.

양배추 이야기

*쪽파 이야기 25쪽

고르기

- 제철은 봄
- 두꺼운 줄기 부분을 아래쪽으로 두었을 때 윗부분이 완만하고 각이 지지 않은 것, 겉을 감싸고 있는 잎이 녹색인 것이 싱싱해요. 들었을 때 묵직해야 속까지 알찬 양배추이지요.
- 2등분, 혹은 4등분으로 썰어서 판매하는 경우가 많은데 썰어진 단면이 희고 깨끗한 것, 속까지 꽉 차 있는 것이 좋습니다.

보관하기
두꺼운 가운데 부분을 제거한 후 랩으로 감싸 냉장(1주).

버무린 후 맛보았을 때 **짜다면** 한입 크기로 썬 양배추 잎 2장(60g)을 넣고 섞어 바로 맛을 보세요.
싱겁다면 소금(기호에 따라 가감)을 넣고 섞어 바로 맛을 보세요.

양배추김치

- 20~30분(+ 양배추 절이기 30분)
- 5회분
- 냉장 2주

①
양배추는 3×3cm 크기로 썬다.
쪽파는 4cm 길이로 썬다.

▶ 양배추의 줄기 부분이
두껍다면 2등분으로
저며도 좋아요.

②
볼에 절임물 재료를 넣고 소금이
녹을 때까지 충분히 저어준다.

③
②의 볼에 양배추를 넣고 섞어
30분간 중간중간 위아래로
뒤집어가며 절인다.

▶ 양배추를 오래 절이게 되면
아삭한 식감이 없어지므로
시간을 지키세요.

- 양배추 1/4개(450g)
- 쪽파 10줄기
  (또는 미나리 1/2줌, 50g)
- 소금 1/2작은술
  (기호에 따라 가감)

절임물
- 소금 2큰술
- 찬물 2컵(400㎖)
- 뜨거운 물 1컵(200㎖)

양념
- 홍고추 3개(45g)
- 고춧가루 2큰술
- 다진 마늘 1큰술
- 액젓(멸치 또는 까나리) 2큰술
- 매실청(또는 올리고당) 1큰술
- 생수 1/2컵(100㎖)

실온에서 1일간 숙성 시킨 후 먹어도 좋아요.

④ 체에 밭쳐 흐르는 물에 헹군 후 물기를 뺀다.

⑤ 믹서에 양념 재료를 넣고 곱게 간다.

⑥ 볼에 양배추, 양념을 넣고 버무린 후 쪽파를 넣어 가볍게 섞는다. 소금으로 부족한 간을 더한다.

Chapter 3 특별하게 즐기자, 이색 김치

양파김치

양파김치 이야기

1
5~6월에 만날 수 있는 햇양파를 사용하는 것이 좋아요. 단맛이 강하고 매운맛이 적으며 육질이 연해 김치에 딱이지요.

2
숙성 시키면 단맛에 감칠맛도 더해져요.

3
먹기 직전에 칼집 모양대로 썰면 더욱 깔끔하게 즐길 수 있어요.

 ## 양파 이야기 　　　　　　　　　　　　　　　　　　　　　　＊무 이야기 37쪽

고르기
- 제철은 여름
- 껍질이 얇고 투명한 것, 눌렀을 때 묵직하며 단단한 것, 싹이 나지 않은 것이 좋아요.
- 작고 끝이 뾰족한 것은 크고 둥근 것보다 단맛이 더 강하지요.

보관하기
망에 담아 서늘하고 통풍이 잘 되는 곳(1개월).
껍질을 제거한 후 밀폐용기에 담아 냉장(15일).
양파는 서로 닿으면 쉽게 물러질 수 있으니
서로 닿지 않게 보관하는 것이 좋지요.

숙성 시킨 후 맛보았을 때 **짜다면** 채 썬 무 50g을 넣고 섞어 1~2일간 냉장 숙성 시킨 후 먹어요.
싱겁다면 소금(기호에 따라 가감)을 넣고 섞어 양파가 아닌 양념의 맛을 보며 부족한 간을 더해요.

양파김치

- ⏱ 35~45분(+ 양파 절이기 1시간, 숙성 시키기 최대 1일)
- 🥕 10회분
- ❄ 냉장 20일

1
양파는 아래쪽의 1cm 정도 남기고 열십(+)자로 깊게 칼집을 낸다.

2
큰 볼에 절임물 재료를 넣고 소금이 녹을 때까지 충분히 저어준다. 양파의 칼집 낸 부분이 아래를 향하도록 담고 부드럽게 벌어질 때까지 1시간 동안 절인다. 칼집 낸 부분이 아래로 향하도록 체에 밭쳐 물기를 뺀다.

3
냄비에 찹쌀풀 재료를 넣고 중간 불에서 3분간 저어가며 묽게 끓인 후 한 김 식힌다.

▶ 과정 ⑤의 양념은 수분이 적은 편이에요. 따라서 찹쌀풀을 완전히 식힌 후 섞으면 잘 섞이지 않으므로 한 김만 식히세요.

- 양파 7개(1.4kg)
- 무 지름 10cm, 두께 4cm 1/2개(200g)
- 쪽파 5줄기(40g)

절임물
- 소금 6큰술
- 물 4컵(800㎖)

찹쌀풀
- 찹쌀가루 1과 1/2큰술
- 물 1컵(200㎖)

양념
- 고춧가루 5큰술
- 다진 마늘 1과 1/2큰술
- 멸치액젓 3큰술
- 고추장 1큰술
- 다진 생강 2작은술
- 매실청(또는 올리고당) 1작은술

④
무는 0.3cm 두께로 채 썬다.
쪽파는 4cm 길이로 썬다.

⑤
볼에 ③의 찹쌀풀, 양념 재료를
넣고 섞어 완전히 식힌다.
무, 쪽파를 넣고 버무린다.

▶ 찹쌀풀, 양념을 섞고 완전히
식힌 후 채소와 버무려야
채소의 숨이 죽지 않아요.

⑥
양파 칼집 사이에 ⑤를
손가락으로 눌러가며 채운 후
통에 담는다. 이때, ⑤의 볼에
남은 양념도 모두 통에 담는다.
실온에서 여름에는 10~12시간,
봄, 가을, 겨울에는 1일간
숙성 시킨 후 냉장 보관한다.

Tip 좀 더 간단하게 만들고 싶다면?
과정 ①에서 칼집 넣는 방향 그대로 양파를 썬 후 조각으로 한 개씩 떼어내요.
과정 ②에서 부드럽게 휘어질 때까지 10~20분간 절인 후 모든 재료를 양념과 버무리세요.

Chapter 3 특별하게 즐기자, 이색 김치

토마토겉절이

토마토겉절이 이야기

1
토마토는 가벼운 양념과 버무려 겉절이로 즐기기 제격이에요. 토마토와 양념이 어우러져 시원하고 개운한 맛이 난답니다.

2
까나리액젓은 멸치액젓에 비해 비린 맛이 적고 약간의 산미가 있어 토마토와 잘 어울린답니다.

3
물이 많이 생기므로 먹기 직전에 버무리는 것을 추천합니다.

 ## 토마토 이야기

★ 부추 이야기 77쪽

고르기
- 제철은 봄~여름
- 만졌을 때 단단하고 곰팡이가 없는 것, 꼭지가 너무 마르지 않은 것이 싱싱해요. 겉절이용 토마토는 단단할수록 좋아요.

보관하기
키친타월로 감싼 후 지퍼백에 담아 냉장(5~7일). 썬 단면을 랩으로 감싸 냉장(2일).

버무린 후 맛보았을 때 **짜다면** 채 썬 양파 1/10개(20g) 또는 한입 크기로 썬 부추 1/4줌(10g)을 넣고 섞어 바로 맛을 보세요. **싱겁다면** 소금(기호에 따라 가감)을 넣고 섞어 바로 맛을 보세요.

토마토겉절이

- 🕐 10~15분
- 🥕 2~3인분
- ❄ 냉장 2일

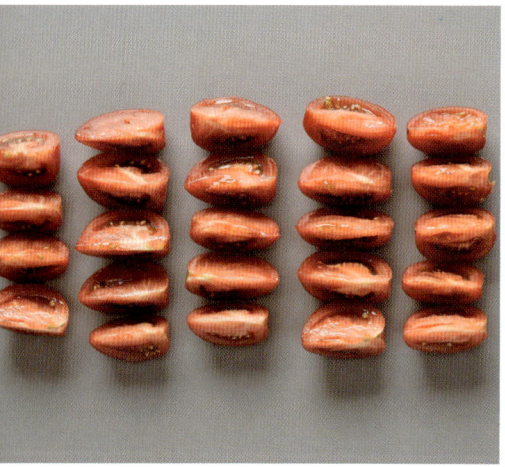

① 토마토는 한입 크기로 썬다.

② 양파는 0.5cm 두께로 썰고, 부추는 4cm 길이로 썬다.

- 토마토 2개
  (중간 크기, 300g)
- 양파 1/5개(40g)
- 부추 1/2줌
  (또는 미나리, 25g)

양념
- 고춧가루 1큰술
- 까나리액젓 1큰술
- 설탕 1작은술
- 다진 마늘 2작은술

③ 볼에 양념 재료를 넣고 섞는다.

④ 토마토, 양파, 부추를 넣고 살살 버무린다.

▶ 살살 버무려야 부추에서 풋내가 나지 않고, 토마토가 짓무르지 않아요.

> Chapter 3　특별하게 즐기자, 이색 김치

깻잎김치

깻잎김치 이야기

1
장아찌와 비슷한 듯 하지만 더 간단해요. 깻잎을 절임물에 먼저 절인 후 양념을 발라 간이 골고루 배도록 했어요.

2
깻잎은 물기를 완전히 없앤 후 담가야 곰팡이가 생기지 않아요.

3
오래 보관하는 김치가 아니므로 먹을 만큼만 만드는 것이 좋아요.

 ### 깻잎 이야기   *양파 이야기 57쪽

고르기
- 제철은 여름
- 잎이 너무 크면 질기거나 쓴맛이 날 수 있으므로 손바닥 크기가 적당해요. 벌레 먹은 부분이 없는 것, 꼭지가 시들지 않은 것이 좋아요.

보관하기
물기가 있으면 금방 물러지므로 씻지 않고 꼭지를 떼지 않은 채로 키친타월로 감싸 지퍼백에 담아 냉장(3~5일).

맛보았을 때 **짜다면** 깻잎 5~7장을 사이사이에 더하거나 채 썬 양파 1/10개(20g)를 넣고 바로 맛을 보세요. **싱겁다면** 양조간장(기호에 따라 가감)을 넣고 깻잎을 위아래로 뒤집어준 후 바로 맛을 보세요.

깻잎김치

 20~30분(+ 깻잎 절이기 15분)
7회분
냉장 1주

> 깻잎을 한번에 절임물에 넣으면 가운데 부분이 절여지지 않으므로 1/3분량씩 담가요.

1
깻잎은 탈탈 털어 물기를 완전히 없앤다.

▶ 물기를 완전히 없애야 양념이 싱거워지지 않고 곰팡이가 생기지 않아요.

2
볼에 절임물 재료를 넣고 섞는다. 깻잎 1/3분량을 절임물에 넣어 앞, 뒤, 양옆 순으로 적신다. 나머지 깻잎도 같은 방법으로 적신 후 모든 깻잎을 넣어 15분간 절인다.

▶ 깻잎을 절임물에 먼저 절이면 양념이 고루 배어 숙성 없이도 바로 먹을 수 있어요.

3
냄비에 찹쌀풀 재료를 넣고 중간 불에서 1분 30초간 저어가며 묽게 끓인 후 완전히 식힌다.

- 깻잎 50장(약 100g)
- 양파 1/4개(50g)
- 홍고추 1개(생략 가능)

절임물
- 설탕 1/2큰술
- 양조간장 3큰술
- 액젓(멸치 또는 까나리) 1큰술

찹쌀풀
- 찹쌀가루 1과 1/2큰술
- 물 3/4컵(150㎖)

양념
- 고춧가루 3큰술
- 다진 마늘 1큰술
- 매실청 1큰술
  (또는 설탕 1/2큰술)
- 다진 생강 1/2작은술

④

②의 깻잎은 손바닥으로 살살 눌러 절임물을 짠다. 이때, 절임물은 버리지 않고 따로 둔다.

▶ 깻잎을 세게 짜면 찢어지거나 물러질 수 있으므로 살살 짜요.

⑤

양파는 얇게 채 썬 후 2등분하고, 홍고추는 송송 썬다.
④의 절임물이 담긴 볼에 찹쌀풀, 양념 재료를 넣고 섞은 후 양파, 홍고추를 넣어 섞는다.

⑥

깻잎 2장 → ⑤의 양념 1/2큰술 → 깻잎 2장 순으로 반복해 쌓는다. 이때, 꺼내먹기 쉽도록 깻잎의 꼭지를 중심으로 엇갈려가며 쌓는 것이 좋다.

Chapter 3 특별하게 즐기자, 이색 김치

시금치겉절이

시금치겉절이 이야기

1
멸치액젓으로 감칠맛을 준 시금치겉절이예요.

2
시금치가 제철일 때는 단맛이 강한 편이므로 양념의 설탕 양을 줄여도 좋아요.

3
물이 많이 생기므로 먹기 직전에 버무리는 것을 추천합니다.

시금치 이야기

*양파 이야기 57쪽

고르기
- 제철은 겨울
- 바닷바람을 피하기 위해 길이가 짧고 옆으로 퍼진 모양을 갖게 된 포항초는 해풍 덕분에 짭조름한 맛과 향, 단맛, 그리고 단단한 식감을 가진 시금치예요. 포항초 외에도 남해 섬에서 자란 남해초, 전남 신안군의 섬초 등 다양한 종류가 있지요. 겉절이용 시금치는 잎이 크지 않고 여린 것이 좋아요.
- 잎에 윤기가 있으며 짓무르거나 썩지 않은 것, 짙은 초록색이며 잎 끝이 뾰족하고 울퉁불퉁한 모양을 지닌 것이 좋아요.

보관하기
씻지 않은 채로 키친타월로 감싸 지퍼백에 담아 뿌리 쪽이 아래를 향하도록 냉장(10일).

버무린 후 맛보았을 때 **짜다면** 한입 크기로 썬 시금치 1/2줌(25g) 또는 채 썬 양파 1/10개(20g)를 넣고 섞어 바로 맛을 보세요. **싱겁다면** 소금(기호에 따라 가감)을 넣고 섞어 바로 맛을 보세요.

시금치겉절이

- 🕐 15~20분
- 🥕 3~4인분
- ❄ 냉장 1일

세게 문지르면 풋내가 나므로 살살 흔들어 씻어요.

1
시금치는 뿌리를 잘라낸 후 시든 잎을 제거한다.

2
찬물에 담가 살살 흔들어 씻는다. 이 과정을 2~3회 반복한다.

3
시금치는 5cm 길이로, 양파는 0.5cm 두께로 썬다.

- 시금치 3줌(150g)
- 양파 1/5개(40g)
- 통깨 2작은술

양념
- 고춧가루 2큰술
- 다진 마늘 1/2큰술
- 생수 1큰술
- 설탕 1/2작은술
- 멸치액젓 2작은술

④ 볼에 양념 재료를 넣고 섞은 후 양파를 넣고 버무려 5분간 둔다.

⑤ 시금치, 통깨를 넣고 가볍게 버무린다.

Chapter 3 특별하게 즐기자, 이색 김치

청경채 김치

청경채김치 이야기

1
청경채는 줄기가 두껍고 잎이 얇은 채소예요. 따라서 줄기 부분에 칼집을 낸 후 절여야 간이 골고루 밴답니다.

2
부재료로 무를 넣어 청경채에 부족한 시원한 맛을 살렸어요.

3
많이 익으면 식감이 물러지므로 빨리 먹는 것이 좋아요.

 ## 청경채 이야기　　　　　　　　　　　　　　　　　　＊무 이야기 37쪽

고르기
- 줄기 부분은 통통하며 잎 부분은 연한 푸른 색인 것이 좋아요.
- 크기가 너무 큰 것은 잘 절여지지 않고 양념이 배는데 시간이 오래 걸리기 때문에 중간 크기로 구입하세요.

보관하기
한 번 먹을 분량씩 키친타월로 감싸 지퍼백에 담아 냉장(5일).

숙성 시킨 후 맛보았을 때 **짜다면** 채 썬 무 20g 또는 한입 크기로 썬 청경채 잎 1~2장을 넣고 섞어 1~2일간 냉장 숙성 시킨 후 먹어요. **싱겁다면** 소금(기호에 따라 가감)을 넣고 섞어 청경채가 아닌 양념의 맛을 보며 부족한 간을 더해요.

청경채김치

 35~45분 (+ 청경채 절이기, 물기 빼기 2시간, 숙성 시키기 최대 1일)

🤚 7회분

❄ 냉장 3일

1

청경채의 뿌리 쪽에
열십(+)자로 3cm 깊이의
칼집을 낸다.
무는 0.3cm 두께로 채 썰고,
쪽파는 4cm 길이로 썬다.

▶ 청경채의 두꺼운 줄기
부분은 잘 절여지지 않기
때문에 칼집을 넣는 것이
좋아요.

2

좁고 깊은 볼에 절임물 재료를
넣고 소금이 녹을 때까지 충분히
저어준다. 청경채의 줄기 부분만
잠기도록 넣어 1시간,
잎 부분까지 다 잠기도록
눕혀 넣고 중간중간 위아래로
뒤집어가며
30분간 절인다.

3

청경채는 헹군 후 줄기 부분이
위를 향하도록 체에 받쳐
30분간 물기를 완전히 뺀다.

▶ 청경채 줄기 부분에는
물이 쉽게 고이므로 줄기가
위로 가도록 둬야 물기를
잘 뺄 수 있어요.

- 청경채 2팩
  (약 13개, 500g)
- 무 지름 10cm,
  두께 4cm 1/4개(100g)
- 쪽파 1과 1/2줌(약 80g)
- 생수 1/4컵(50㎖)
- 소금 약간

절임물
- 굵은소금 4큰술
- 찬물 1컵(200㎖)
- 뜨거운 물 1컵(200㎖)

찹쌀풀
- 찹쌀가루 2작은술
- 물 1/2컵(100㎖)

양념
- 고춧가루 5큰술
- 소금 1/2큰술
- 다진 마늘 2큰술
- 멸치액젓 2큰술
- 설탕 1작은술
- 다진 생강 1작은술

> 무와 양념을 섞어두면 무에 간이 배고 물이 나와 청경채에 양념을 쉽게 바를 수 있어요.

④
냄비에 찹쌀풀 재료를 넣고 중간 불에서 1분 30초간 저어가며 묽게 끓인 후 완전히 식힌다.
볼에 찹쌀풀, 양념 재료를 넣고 섞은 후 무를 넣고 섞어 10분간 둔다.
쪽파를 넣어 살살 섞는다.

⑤
④의 볼에 청경채를 1개씩 넣고 줄기 부분에는 소를 채우고 잎 부분에는 양념을 발라 통에 담는다. 같은 방법으로 나머지 청경채도 양념을 바른다. 이때, 양념이 남은 볼은 씻지 않는다.

⑥
양념이 남아 있는 ⑤의 볼에 생수 1/4컵(50㎖), 소금을 넣고 남은 양념과 섞은 후 통에 붓는다. 실온에서 여름에는 8~10시간, 봄, 가을, 겨울에는 1일간 숙성 시킨 후 냉장 보관한다.

Chapter 3 특별하게 즐기자, 이색 김치

아삭이고추김치

아삭이고추김치 이야기

1
아삭이고추는 다른 고추에 비해 육질이 두꺼워서 절여도 식감이 살아 있어요.

2
양념에 풀 대신 밥을 더한 덕분에 고추에 양념이 더 잘 입혀지고 더 간단하게 만들 수 있어요.

3
고추를 뜨거운 물에 절이면 식감이 더욱 아삭해져요.

 ## 아삭이고추 이야기   *쪽파 이야기 25쪽

고르기

- 제철은 여름
- 성인 남자 손바닥 길이 정도의 큰 고추예요. 다른 고추에 비해 수분이 많으며 육질이 두껍고 단맛이 강한 편이지요.
- 꼭지가 시들지 않고 껍질에서 윤기가 나는 것, 상처가 없는 것이 좋아요.
- 초록색이 너무 진할 경우 질길 수 있으므로 연한 초록빛으로 고르세요.

보관하기

밀폐용기에 키친타월을 깔고 고추를 담은 후 냉장(1주).

숙성 시킨 후 맛보았을 때 **짜다면** 채 썬 양파 1/10개(20g) 또는 한입 크기로 썬 쪽파 2줄기(15g)를 넣고 섞어 1~2일간 냉장 숙성 시킨 후 먹어요. **싱겁다면** 소금(기호에 따라 가감)을 넣고 섞어 아삭이고추가 아닌 양념의 맛을 보며 부족한 간을 더해요.

아삭이고추김치

- ⏱ 20~30분(+ 고추 절이기 30분, 숙성 시키기 최대 18시간)
- 🥄 3~4회분
- ❄ 냉장 1주

1
아삭이고추는 길이로 2등분한 후 다시 반으로 썬다.

▶ 씨를 제거하지 않고 그대로 더해요.

2
쪽파는 4cm 길이로, 양파는 0.3cm 두께로 썬다. 홍고추는 길이로 2등분한 후 씨를 제거하고 어슷 썬다.

3
냄비에 절임물 재료를 넣고 센 불에서 2분 30초간 소금이 녹을 때까지 끓인 후 불을 끄고 한 김 식힌다.

- 아삭이고추 8~10개(200g)
- 쪽파 1줌(50g)
- 양파 1/5개(40g)
- 홍고추 2개(30g)
- 고춧가루 3큰술

절임물
- 소금 2큰술
- 물 2컵(400㎖)

양념
- 양파 1/4개(50g)
- 설탕 1/2큰술
- 다진 마늘 1큰술
- 생수 2큰술
- 멸치액젓 1과 1/2큰술
- 밥 1큰술(15g)

> 뜨거운 물에 절이면 아삭이고추가 질기지 않고 더욱 아삭해져요.

4
볼에 ③의 절임물, 아삭이고추를 넣고 30분간 절인 후 체에 밭쳐 물기를 뺀다.

5
믹서에 양념 재료를 넣고 간 후 고춧가루를 섞는다.

▶ 고춧가루를 함께 갈 경우 고춧가루가 수분을 흡수하고, 다른 재료가 쉽게 갈리지 않으므로 따로 섞는 것이 좋아요.

6
⑤의 볼에 모든 재료를 넣고 버무린다. 밀폐용기에 담아 실온에서 여름에는 6~8시간, 봄, 가을, 겨울에는 16~18시간 숙성 시킨 후 냉장 보관한다.

Recipe Plus

우리 아이 첫 김치, 깍두기예요!

아이가 빨간 김치와 친해지도록 맵지 않은 아이용 깍두기부터 도전하세요.
고춧가루 대신 파프리카를 더해 김치와 같은 빨간색을 냈고,
배와 양파로 자연 그대로의 단맛을 더했어요.

간 맞추기

숙성 시킨 후 맛보았을 때 **짜다면** 간 양파 1/10개(20g) 또는 간 배 1쪽(20g)을 넣고 섞어
1~2일간 냉장 숙성 시킨 후 먹어요. **싱겁다면** 새우젓(기호에 따라 가감)을 넣고 섞어
무가 아닌 양념의 맛을 보며 부족한 간을 더해요.

- ⏰ 20~30분 (+ 무 절이기 1시간, 숙성 시키기 최대 1일)
- 🥕 20회분
- ❄️ 냉장 15일

- 무 지름 10cm, 두께 5cm(500g)
- 대파(흰 부분) 20cm

절임
- 설탕 1큰술
- 소금 2작은술

양념
- 빨간색 파프리카 1/3개(70g)
- 배 1/8개(약 60g)
- 양파 1/8개(25g)
- 새우젓 1/2큰술
- 밥 1큰술(15g)
- 다진 마늘 2작은술

1
무는 사방 1cm 크기로 썬다.
절임 재료와 버무려
1시간 동안 절인다.

2
체에 밭쳐 물기를 뺀다.

3
대파는 길이로 2등분한 후
최대한 얇게 송송 썬다.

4
믹서에 양념 재료를 넣고
곱게 갈아 볼에 담는다.

5
무, 대파를 넣고 버무린 후
통에 담는다.

6
위생팩을 덮고 꾹꾹 눌러 공기를
뺀다. 실온에서 여름에는
10~12시간, 봄, 가을, 겨울에는
1일간 숙성 시킨 후 냉장 보관한다.

▶ 깍두기에 공기가 닿으면 군내가
나므로 위생팩을 덮어 공기와의
접촉을 최소로 하는 것이 좋아요.

Index

가나다순

ㄱ
김장김치 ······················· 024
깍두기 ··························· 036
깻잎김치 ······················· 104

ㄴ
나박김치 ······················· 068
누룽지닭곰탕 ················ 080

ㄷ
동치미 ··························· 044

ㅁ
미나리김치 ···················· 088

ㅂ
배추김치 ······················· 016
백김치 ··························· 052
보쌈 무김치 ·················· 064
부추김치 ······················· 076

ㅅ
섞박지 ··························· 056
수육 ······························ 081
시금치겉절이 ················ 108

ㅇ
아삭이고추김치 ············ 116
아이용 깍두기 ··············· 120
알배기배추겉절이 ········· 060
양배추김치 ···················· 092
양파김치 ······················· 096
열무김치 ······················· 040
오이소박이 ···················· 032

ㅊ
총각김치 ······················· 039
청경채김치 ···················· 112

ㅌ
토마토겉절이 ················ 100

ㅍ
파김치 ··························· 072
파프리카백김치 ············· 084

계절별

봄

알배기배추겉절이	060
파프리카백김치	084
미나리김치	088
양배추김치	092
청경채김치	112

여름

오이소박이	032
열무김치	040
부추김치	076
양파김치	096
토마토겉절이	100
깻잎김치	104
청경채김치	112
아삭이고추김치	116

가을

파김치	072
청경채김치	112

겨울

배추김치	016
김장김치	024
깍두기	036
총각김치	039
동치미	044
백김치	052
섞박지	056
보쌈 무김치	064
나박김치	068
시금치겉절이	108
청경채김치	112
아이용 깍두기	120

주재료별

깻잎
깻잎김치 ············· 104

당근
부추김치 ············· 076
미나리김치 ············· 088

무
배추김치 ············· 016
김장김치 ············· 024
깍두기 ············· 026
동치미 ············· 044
섞박지 ············· 056
보쌈 무김치 ············· 064
나박김치 ············· 068
아이용 깍두기 ············· 120

미나리
배추김치 ············· 016
보쌈 무김치 ············· 064
미나리김치 ············· 088

배추
배추김치 ············· 016
김장김치 ············· 024
백김치 ············· 052

부추
오이소박이 ············· 032
부추김치 ············· 076

파프리카
파프리카백김치 ············· 084

시금치
시금치겉절이 ············· 108

양배추
양배추김치 ············· 092

양파
부추김치 ············· 076
양파김치 ············· 096
아삭이고추김치 ············· 116

열무
열무김치 ············· 040

알배기배추
알배기배추겉절이 ············· 060
나박김치 ············· 068
파프리카백김치 ············· 084

오이
오이소박이 ············· 032

쪽파
배추김치 ············· 016
김장김치 ············· 024
파김치 ············· 072

청경채
청경채김치 ············· 112

총각무
총각김치 ············· 039

토마토
토마토겉절이 ············· 100

메뉴를 개발하고 소장가치 높은 요리책을 만듭니다
레시피팩토리

사계절의 흐름을 느낄 수 있는 요리책

피클, 절임, 페스토까지!
일상의 재료로 만드는
〈내일 더 맛있는
오늘의 마리네이드〉

싱그러운 계절의 맛
〈제철 재료를 가득 담은
사계절 베이킹〉

SNS 인기 홈카페 음료의
비밀 노하우가 가득한
〈나만의 시크릿 홈카페〉

소박하지만 따뜻하게 즐길 수 있는 한 그릇

따뜻한 밥 위에
작은 정성을 올려 만든
〈소박한 덮밥〉

어렵게 느껴지는 이탈리아 파스타가 아닌
집에서 즐길 수 있는
〈소박한 파스타〉

기본 국수부터 맛집 국수까지,
탐나는 국수 레시피 65가지
〈오늘부터 우리 집은 국수 맛집〉

홈페이지 www.recipe-factory.co.kr 애독자 카페 cafe.naver.com/superecipe
카카오스토리·페이스북 레시피팩토리everyday
인스타그램 @recipefactory 네이버포스트 레시피팩토리 네이버TV·유튜브 레시피팩토리TV

구입 및 문의 1544-7051, 온·오프라인 서점

── 전문가의 집밥 노하우를 배울 수 있는 요리책 ──

인기 요리 연구가 김선영의
진짜 집밥 레시피 가득
〈문화센터 인기요리수업
한 권으로 끝내기〉

몸과 마음을 편하게 해주는
〈채식이 맛있어지는
우리집 사찰음식〉

120가지 샐러드 & 100가지 드레싱
〈샐러드가 필요한 모든 순간
나만의 드레싱이 빛나는 순간〉 개정판

── #진짜시리즈 #국민요리책 #스테디셀러 ──

친정엄마 밥상에서 막 독립한
요리 왕초보들을 위한 책
〈진짜 기본 요리책〉 완전 개정판

베이킹이 처음이라면?
진짜 쉽~고, 맛있고, 자세한 기본 레시피
〈진짜 기본 베이킹책〉

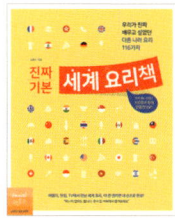

여행지, 맛집, TV에서 만나 본
다른 나라 요리를 이제 집에서!
〈진짜 기본 세계 요리책〉

어려운 김치는 가라

1판 1쇄 펴낸 날 2016년 10월 13일
1판 3쇄 펴낸 날 2019년 11월 1일

편집장	이소민
레시피 개발·검증	강효은·유선아
아트디렉터	원유경
디자인	송지혜
사진	박건주(어시스턴트 구은미)·이보영
스타일링	김형님(어시스턴트 임수영)
영업·마케팅	염금미·송지윤·김은하
독자 기획단	김시내·문지희·박신영·유지현·이소영
	전소연·최문영·최미영·최주희·허은영
고문	조준일
펴낸이	박성주
펴낸곳	(주)레시피팩토리
주소	서울특별시 송파구 올림픽로35가길10 (잠실 더샵스타파크) B-409
독자센터	1544-7051
팩스	02-534-7019
홈페이지	www.recipe-factory.co.kr
독자카페	cafe.naver.com/superecipe
출판신고	2009년 1월 28일 제25100-2009-000038호
제작·인쇄	(주)대한프린테크

값 9,800원

ISBN 979-11-85473-22-2
　　　979-11-85473-15-4(세트)

* 인쇄 및 제본에 이상이 있는 책은 구입하신 서점에서 교환해 드립니다.